93년을 사시면서
기독교인이 되기 전부터
누구신지는 몰라도
당신을 지켜주고 도와주는 분이 계심을 느끼셨다는
제 어머니께 이 책을 바칩니다.

눈 떠 보니 하나님이더라

곽건용 지음

꽃자리

차례

눈 떠 보니 하나님이더라

낯익은 이야기를 낯설게 읽기

1

새해가 되거나 중대한 사건을 겪으면 새로운 결심을 하게 된다. 이러저런 일을 하겠다거나 여차저차 한 일은 안 하겠다는 결심 말이다. 하지만 아무리 단단히 결심해도 오래 가지 않을 걸 자신도 안다. 그래서 '작심삼일'이란 말이 생겼다.

새해가 되면 '올해는 꼭 성서를 완독해야지.'라고 결심하는 신자들이 있다. 교회나 성당에서 권하기도 한다. 이 결심은 성취되기가 쉽지 않다. 이유가 여럿이지만 가장 큰 이유는 성서가 지루하고 재미없기 때문이다. 흔히 레위기가 그렇다는데 출애굽기 25장 이하도 막상막하다. 언약궤와 성막 제작 방법이 지루하게 서술된 곳 말이다. 레위기에서 중단했다는 사람들은 출애굽기 25장 이하를 어떻게 넘어갔는지 궁금하다. 구약성서를 읽는 일은 대단한 인내를 필요로 한다.

성서를 읽기로 작심한 사람이라면 창세기 3장까지는 읽을 것이다. 석 장 읽는 데는 30분도 안 걸린다. 그래서 신자는 물론이고 비신자도 그 내용은 다들 웬만큼은 알고 있다. 에덴동산, 아담, 하와, 뱀, 선악과 얘기를 모르는 사람은 많지 않다. 제대로 아는 사람은 그렇지 않지만 말이다.

이스라엘이 속한 고대중동문화권, 곧 이집트에서 가나안을 거쳐 메소포타미아에 이르는 문화권은 만물의 기원에 대해 깊은 관심을 보인다. 세상이 어떻게 생겼고 어떤 과정을 거쳐서 지금의 모양을 갖게 됐는지, 사람은 어떻게 창조됐고 왜 지금처럼 살고 있는지에 대한 관심을 그들은 '신화'(myth)라는 그릇에 담아서 후대에 전했다. 창세기 1장-11장의 '원시역사'(primeval history)도 그런 관심을 보인다. 특히 1-3장에 전해지는 창조 이야기는 구약성서를 경전으로 받아들이는 유대교와 그리스도교 모두에 중요한 의미를 갖는다. 당연히 두 종교 학자들은 이 텍스트에 대해 수많은 글을 남겼다. 이런 상황에서 필자가 그에 관한 한 권의 책을 또 썼다. 그만한 이유가 있어서다.

과거 신자들은 목사와 신부가 하는 말에 거의 전적으로 의지해서 믿음생활을 했다. 지금은 사정이 달라졌다. 교육 수준도 높아졌고 다양한 매체를 통해서 성서공부의 기회를 누릴 수 있다. 그 중에는 엉터리도 많지만 좋은 내용을 갖춘 것도 많다. 자료는 넘치는데 바른 성서해석을 분별할 눈을 가진 신자는 많지 않다. 교회에서 하는 성서공부도 마찬가지다. 성서학계에서 논의되는 내용에 익숙한 목회자도 드물고 공부하는 방법도 문제가 많다. 대부분의 성서공부는 목회자에서 신자로 일방통행으로 진행된다. 묻고 대답하고 생각하며 토론하는 공부는 보기 어렵다. 미리 정해놓은 답을 주입하는 식이다. 안 하느니만 못한 공부다.

성서를 해석하는 단 하나의 옳은 방법만 있는 것은 아니다. 성서는 다양한 방법으로 해석할 수 있다. 문제는 왜 그렇게 해석하는지, 뭘 근거로 그렇게 해석하는지를 아는 일이다. 교회는 오랫동안 다양한 성서해석 방법을 발전시켜왔다. 그럼에도 불구하고 교회에는 '전통적'인 해석 방법이 있다. 이 방법은 '전통적'이기에 권위를 갖지만 그래서 시대에 뒤떨어질 수도 있다. 성서해석은 시대의 산물이므로 전통적이고 권위 있는 방법이라도 시대에 부응하는지 따져봐야 한다. 이런 과정 없이 그저 전통적이라고 해서 무조건 추종해서는 안 된다. 전통적이지 않고 낯설더라도 그렇게도 읽고 해석할 근거가 있는 방법이라면 열린 자세로 마주할 필요가 있다. 필자는 창세기 1-3장이라는 낯익은 이야기를 낯설게 읽어볼 것이다. 유일하게 옳은 해석이기를 기대하지 않는다. 하나의 가능한 해석으로 받아들여진다면 그걸로 만족한다.

2

교회는 '무로부터의 창조'(*creatio ex nihilo*, creation out of nothing) 신학을 정통 창조신학으로 받아들였다. 하나님이 아무 것도 없는 데서 세상을 창조했다는 거다. 하나님이 세상을 창조하기 전에는 아무 것도 없었다. 이 신학을 뒷받침하는 대표적인 성서구절이 창세기 1장이다. 또한 교회는 창세기 2-3장을 아담과 하와가 어떤 죄를 지어서 타락했고 그래서 죽음이 어떻게 세상에 들어왔는지, 그들이 저지른 죄가 후손들까지 죄인으로 만드는 '원죄'가 됐는지에 관한 이야기로 믿어왔다. 창세기 1-3장은 '무로부터의 창조'와 '인간의 타락과 원죄'라는 교리를 뒷받침하는 역할을 해왔다. 교단마다 약간의 차이는 있지만 대체로 교회는 오랫동안 이 교리를 믿었고 지금도 믿고 고백한다.

성서학계에서는 1세기 이상 전부터 이 교리들이 성서의 진술에 부합하는지를 의심해왔고 전통적인 해석과는 다른 해석들이 제기되어왔다. 두 교리가 중요한 자리를 차지하고 있어서 정통교리와 다른 해석을 내놓으려면 용기를 내야 했지만 최근 들어 학자들은 다양한 해석들을 내놓고 있다. 학문의 자유가 확대됐기 때문이다.

창세기 1장이 정말 그 교리를 말하는지를 잠시 생각해보자. '무로부터의 창조' 교리의 옳고 그름을 따지자는 게 아니라 창세기 1장을 그 교리의 근거로 삼는 게 타당한지를 성서학적으로 따져보자는 얘기다. 선입견을 버릴 수만 있다면 창세기 1장은 '무로부터의 창조'와 무관함을 알게 된다.

> 태초에 하나님이 천지를 창조하셨다. 땅이 혼돈하고 공허하며 어둠이 깊음 위에 있고 하나님의 영은 물 위에 움직이고 계셨다.(창세기 1:1-2)

'혼돈' '어둠' '공허' '깊음'은 추상명사이므로 물질적 존재가 아니지만 '땅'과 '물'은 물질명사다. 하나님이 천지를 창조하기 전에 이미 '땅'과 '물'이라는 물질이 있었다는 얘기다. 그러니 창조 이전에는 아무것도 없었고 하나님이 아무것도 없는 데서 천지를 창조했다는 주장은 이 텍스트와는 맞지 않는다. '무로부터의 창조' 교리는 창세기 1장 1-2절에는 부합하지 않는다. '무로부터의 창조'가 틀렸거나 '비성서적'이란 얘기가 아니라 창세기 1장 1-2절과는 상응하지 않는다는 말이다.

'무로부터의 창조' 교리에 성서적 근거가 없다는 얘기는 아니다. 근거를 찾으려면 얼마든지 찾을 수 있다. 가톨릭 제2경전

눈 떠 보니 하나님이더라

인 마카베오하 7장 28절에 순교당할 아들들에게 어머니가 한 다음의 말이 전해진다. "얘야, 내 부탁을 들어 다오. 하늘과 땅을 바라보아라. 그리고 그 안에 있는 모든 것을 살펴라. **하느님께서 무엇인가를 가지고 이 모든 것을 만들었다고 생각하지 말아라. 인류가 생겨 난 것도 마찬가지다.**" 이 구절은 '무로부터의 창조' 교리가 담겨있는 가장 오래된 구절로 인정받는다.

창세기 2-3장의 에덴동산 이야기를 타락, 원죄, 죽음의 기원에 관한 이야기로 읽는 것에도 의문을 제기할만하다. 에덴동산 이야기에는 '원죄'는커녕 '죄'라는 단어도 사용되지 않았다. '죽음'이란 단어는 거기 있지만 '죄'라는 단어는 등장하지 않는다.

에덴동산 중앙에 생명나무와 선악을 알게 하는 나무가 있었다. 하나님은 후자의 열매를 먹지 말라고 했다. 먹는 '그날 반드시' 죽을 것이라면서 말이다. 생명나무 열매는 먹어도 됐다. 만일 아담과 하와가 생명나무 열매를 먹었다면 죽지 않고 영원히 살았을까? 그들의 후손들도 마찬가지로 영생했을까? 선악과를 먹으면 죽는다고 했으니 그것만 안 먹는다면 죽지 않았을까? 그렇다면 생명나무 열매는 쓸모없는게 아닌가? 선악과만 먹지 않는다면 그걸 안 먹어도 안 죽을 거 아닌가. 만약 둘 다 먹었다면 어떻게 됐을까? 선악과를 먹으면 죽게 되어 있고 생명나무 열매를 먹으면 죽지 않고 영원히 살 거라 했으니 둘 다 먹었을 경우가 궁금하지 않은가. 이 모든 의문은 선악과를 먹은 '그 날' 죽지 않았기 때문에 생겼다. 하나님 말대로 그 날 그들이 죽었다면 이런 질문을 할 필요가 없었을 터이다. 궁극적으로는 두 나무가 에덴동산에 함께 있었다는 사실이 이 모든 문제의 발단이다.

이런 질문은 생길지언정 아담과 하와가 선악과를 따먹은 행위가 '원죄'가 되어 모든 인류가 죄인으로 태어난다는 주장의 근거는 창세기 2-3장에는 없다. 에덴동산 이야기는 이와는 다른 이야기라는 거다. 이 얘기는 나중에 자세히 해보겠다.

3

창세기 1-3장에 두 개의 서로 다른 창조 이야기가 있다는 주장은 이젠 제법 널리 알려져 있다. 이른바 '문서가설'(documentary hypothesis) 말이다. 1장 1절부터 2장 4a절까지는 제사장 계열의 문서(P문서)이고 2장 4b절부터 3장 24절까지는 야휘스트 문서(J문서)로서 작성된 시기부터 신관, 인간관, 세계관, 가치관, 서술방식까지 모두 다르다.

궁금한 점은 서로 다른 두 개의 창조 이야기를 나란히 배치한 편집자의 의도가 뭐냐는 것이다. 두 이야기에는 서로 모순되는 내용도 있으므로 논리에 부합하려면 둘 중 하나를 제거

해야 함에도 불구하고 그대로 놔뒀다면 거기에는 마땅히 그래야 하는 이유가 있었을 터이다. 그걸 찾아내는 것이 성서 해석자의 일이다.

또한 구약성서에는 창세기 1-3장 이외에도 창조 이야기가 여럿 더 있다. 예컨대 이런 것들이다.

주님께서는 땅의 기초를 든든히 놓으셔서 땅이 영원히 흔들리지 않게 하셨습니다. 옷으로 몸을 감싸듯 깊은 물로 땅을 덮으시더니 물이 높이 솟아서 산들을 덮었습니다. 그러나 주님께서 한 번 꾸짖으시니 물이 도망 치고 주님의 천둥소리에 물이 서둘러서 물러갑니다. 물은 산을 넘고 골짜기를 타고 내려가서 주님께서 정하여 주신 그 자리로 흘러갑니다. 주님은 경계를 정하여 놓고 물이 거기를 넘지 못하게 하시며 물이 되돌아와서 땅을 덮지 못하게 하십니다. 주님은 골짜기마다 샘물이 솟아나게 하시어 산과 산 사이로 흐르게 하시니 들짐승이 모두 마시고 목마른 들나귀들이 갈증을 풉니다. 하늘의 새들도 샘 곁에 깃들며 우거진 나뭇잎 사이에서 지저귑니다. 누각 높은 곳에서 산에 물을 대주시니 이 땅은 주님께서 내신 열매로 만족합니다. 주님은 들짐승들이 뜯을 풀이 자라게 하시고 사람들이 밭갈이로 채소를 얻게 하시고 땅에서 먹거리를 얻게 하셨습니다. 사람의 마음을 즐겁게 하는 포도주를 주시고 얼굴에 윤기가 나게 하는 기름을 주시고 사람의 힘을 북돋아 주는 먹거리도 주셨습니다. 주님께서 심으신 나무들과 레바논의 백향목들이 물을 양껏 마시니 새들이 거기에 깃들고 황새도 그 꼭대기에 집을 짓습니다. 높은 산은 산양이 사는 곳이며 바위틈은 오소리의 피난처입니다. 때를 가늠하도록 달을 지으시고 해에게는 그 지는 때를 알려 주셨습니다. 주님께서 어둠을 드리우시니 밤이 됩니다. 숲 속의 모든 짐승은 이때부터 움직입니다. 젊은 사자들은 먹이를 찾으려고 으르렁거리며 하나님께 먹이를 달라고 울부짖다가 해가 뜨면 물러가서 굴에 눕고 사람들은 일을 하러 나와서 해가 저물도록 일합니다. 주님, 주님께서 손수 만드신 것이 어찌 이리도 많습니까? 이 모든 것을 주님께서 **지혜**로 만드셨으니 땅에는 주님이 지으신 것으로 가득합니다. 저 크고 넓은 바다에는 크고 작은 고기들이 헤아릴 수 없이 우글거립니다. 물 위로는 배들도 오가며 주님이 지으신 **리워야단도** 그 속에서 놉니다. 이 모든 피조물이 주님만 바라보며 때를 따라서 먹이 주시기를 기다립니다. 주님께서 그들에게 먹이를 주시면 그들은 받아먹고 주님께서 손을 펴 먹을 것을 주시면 그들은 만족해합니다. 그러나 주님께서 얼굴을 숨기시면 그들은 떨면서 두려워하고 주님께서 호흡을 거두어들이시면 그들은 죽어서 본래의 흙으로 돌아갑니다. 주님께서 주님의 영을 불어넣으시면 그들이 다시 창조됩니다. 주님께서는 땅의 모습을 다시 새롭게 하십니다.(시편 104:5-30, 강조는 필자가 추가했음)

이 시편의 창조세계에는 창세기 1-3장의 그것과 유사한 점도 있고 다른 점도 있다. 창조주 하나님이 해와 달을 창조했고 물의 경계를 정해놓아 넘지 못하게 했으며 하나님이 호흡을 거두면 피조물들은 흙으로 돌아간다는 등은 창세기 1-3장과 비슷한 반면 하나님이 '지혜'로 세상을 창조했다거나 리워야단 같이 혼돈의 상징인 신화적 동물에 대한 언급은 창세기 1장에는 없다. 인용한 시편의 창조 이야기는 창세기 1장과는 확실히 다르다. 한 곳을 더 인용해보자.

주님께서 일을 시작하시던 그 태초에, 주님께서 모든 것을 지으시기 전에 이미 주님께서는 나를 데리고 계셨다. 영원 전, 아득한 그 옛날, 땅도 생기기 전에 나는 이미 세움을 받았다. 아직 깊은 바다가 생기기도 전에, 물이 가득한 샘이 생기기도 전에 나는 이미 태어났다. 아직 산의 기초가 생기기 전에, 언덕이 생기기 전에 나는 이미 태어났다. 주님께서 아직 땅도 들도 만들지 않으시고 세상의 첫 흙덩이도 만들지 않으신 때이다. 주님께서 하늘을 제자리에 두시며 깊은 바다 둘레에 경계선을 그으실 때에도 내가 거기에 있었다. 주님께서 구름 떠

도는 창공을 저 위 높이 달아매시고 깊은 샘물을 솟구치게 하셨을 때에 바다의 경계를 정하시고 물이 그분의 명을 거스르지 못하게 하시고 땅의 기초를 세우셨을 때에, 나는 그분 곁에서 창조의 명공이 되어 날마다 그분을 즐겁게 하여 드리고 나 또한 그분 앞에서 늘 기뻐하였다. 그분이 지으신 땅을 즐거워하며 그분이 지으신 사람들을 내 기쁨으로 삼았다.(잠언 8:22-31)

화자인 '나'는 '지혜'다. 시편 104편이 '지혜'를 슬쩍 언급했다면 잠언 8장은 드러나게 언급한다. '지혜'는 하나님이 만물을 창조하기 전에 '세움'을 받았고 '태어났다.' 잠언 8장은 '지혜'가 하나님과 협업해서 만물을 창조했다고 말하지는 않지만 하나님의 창조행위를 목격했다고 말한다. 창세기 1장에는 없는 얘기다.

구약성서에는 다양한 창조 이야기가 있다. 다양한 목소리가 공존한다. 하나의 주제에 대해 하나의 목소리만 있는 게 아니다. 다양한 목소리들이 어우러져 있는 책이 구약성서다. 그것들은 서로 상응하고 보완하기도 하지만 서로 부딪치고 경쟁하기도 한다. 그렇게 다양한 목소리들이 어떻게 관련되어 있는지 규명하는 일이 성서 해석자의 일이다. 서로 상응하고 보완한다면 어떤 식으로, 어떤 논리로 그러는지 밝혀야 한다. 서로 부딪치고 경쟁하고 갈등한다면 어느 목소리가 우위에서 다른 목소리들을 규정하고 지배하는지를 밝히는 일 역시 성서 해석자의 일이다.

4

창세기 1-3장, 특히 에덴동산 이야기가 나오는 2-3장은 교회 역사에서 지속적으로 영향력을 발휘했다. '기만적으로 단순한'(deceptively simple)이라는 표현이 이 이야기의 성격을 잘 보여준다. 에덴동산 이야기에는 다양하게 해석할 수 있는 가능성이 여기저기 숨어 있다. 구약과 신약의 중간시대에 에덴동산 이야기에서 파생된 다양한 이야기들이 많이 만들어진 것도 그래서다. 이 이야기를 '기발하게' 해석한 이단들도 많았다. 그만큼 에덴동산 이야기가 큰 주목을 받아왔다는 얘기다.

성서구절은 별도의 언급이 없는 한 대한성서공회에서 출판한《새번역성경》에서 인용했다. 달리 번역하거나 변경한 경우에는 명시했다. 창세기 인용 시에는 특별한 경우 외에는 장절만 표기했다. 부득이 히브리어를 인용할 경우 히브리어 알파벳이나 영어식 표기를 하지 않고 발음하는 대로 우리말로 표기했다.

1장

한 처음에

한 처음에 하나님이 천지를 창조하셨다.
(창세기 1:1)
*《새번역성경》에서 첫 단어만 수정함.

1

구약성서의 첫 다섯 권, 창세기, 출애굽기, 레위기, 민수기, 신명기를 '모세오경'이라고 부른다. 유대교가 '토라'라고 부르는 이 책들은 유대교 성서(타낙 TaNaK, 유대교에서 '구약성서'를 부르는 이름)에서 최고의 권위를 인정받는다.

구약성서를 공부하다 보면 이해할 수도 없고 받아들이기도 어려운 주장들을 만난다. 그 중 하나가 창세기 1-11장이 전하는 '원시역사'(primeval history)가 12장 이하의 이스라엘 종족사의 전주곡이라는 주장이다. 주로 유대인 학자들의 주장으로서 창세기 전체가 이스라엘 종족의 기원에 초점이 맞춰져 있다는 것이다. 아무리 이스라엘이 선택된 종족이라지만 인류

전체의 역사가 일개 종족 역사의 전주곡이라는 얘기는 받아들일 수 없는 주장이다.

사실 이런 주장은 폰라트(Gerhard von Rad)도 했다. 그는 창조 이야기가 이스라엘의 구원역사(salvation history)에 종속된다고 주장했다. 개신교 학자인 그도 유대교 학자들과 비슷한 주장을 했던 것이다. Gerhard von Rad, *Genesis*. Old Testament Library (SCM Press, 1961), 45-46.

2

한 처음에 하나님이 천지를 창조하셨다.(1:1)

창세기 1장은 이런 '선언'으로 시작된다. 《새번역성경》을 포함해서 대부분의 우리말 성서는 히브리어 '베레쉬트'를 '태초에'라고 번역했다. 《공동번역성서》와 《가톨릭성서》만 '한 처음에'로 번역했다. 영어로 '태초에'는 'in the beginning'이고 '한 처음에'는 'in a beginning'이다. 사용된 관사만 다르다. King James Version, New American Standard Bible, New International Version, Revised Standard Version, New Revised Standard Version 등은 모두 '태초에'(in the

눈 떠 보니 하나님이더라

beginning)로 번역했고 New Jewish Publication Society Bible은 2절 전체를 '하나님이 천지를 창조하기 시작했을 때'(When God began to create heavens and earth)라고 하여 독립된 문장이 아니라 부사절로 번역했다. 위의 인용에서 필자는 《새번역성경》을 따르되 '태초에'만 '한 처음에'로 바꾸었다. 첫 단어를 '태초에'로 읽느냐 '한 처음에'로 읽느냐에 따라 1장 전체에 대한 해석이 달라진다.

히브리어 원문은 정관사 없이 '베레쉬트'로 되어 있으므로 '태초에'(in the beginning)보다는 '한 처음에'(in a beginning)가 문법적으로 원문과 일치한다. 원문에 없는 정관사를 넣을 이유는 없어 보인다. 이 문장을 부사절로 보고 '하나님이 천지를 창조하기 시작했을 때'라고 번역하는 것도 문법적으로 가능하다. 《새번역성경》에는 '태초에 하나님이 천지를 창조하실 때에' 또는 '하나님이 천지를 창조하기 시작하셨을 때에'로 번역할 수도 있다고 각주가 달려있다. 《공동번역성서》도 '하느님께서 하늘과 땅을 지어내시던 한 처음이었다.'라고 번역할 수 있다는 각주를 달아놓았다.

'태초에'와 '한 처음에'는 그 의미가 크게 다르다. '태초에'는 절대적이고 유일무이한 첫 시점을 가리킨다. 하나님이 '태초에' 천지를 창조했다면 그 전에는 아무 것도 존재하지 않았다는 뜻이다. 그리스도교의 전통적인 창조신학인 '무로부터의 창조'(*creatio ex nihilo*) 신학이 여기서 비롯됐다. 창조 이전에 아무 것도 존재하지 않았어야 '무로부터' 창조가 가능하다. 문제는 창세기 1장 1절에서 '무로부터의 창조' 신학이 나온 게 아니라 반대로 '무로부터의 창조' 신학에서 1절 첫 단어를 '태초에'로 읽는 해석이 나왔다는 것이다. 신학을 위해 성서본문을 문법에 맞지 않게 읽은 거다.

하나님이 '아무 것도 없는 데서'(*ex nihilo*) 세상을 창조하지 않았다면 창조 이전에 뭔가가 존재했을 것이니 그것들이 어디서 왔냐는 질문이 제기될 수밖에 없다. 그것도 하나님이 창조했다면 또 다른 '태초'가 필요하다. 하나님 아닌 다른 누군가가 창조했다면 이 하나님은 만물의 창조주가 아니게 된다. 이런 문제 때문에 '태초에'(in the beginning)로 번역했다고 추정한다.

> 창세기 1-3절의 번역 문제에 관해서 박준서는 1-3절을 각각 독립절로 보는 경우, 1절을 종속절로 보는 경우, 1, 2, 3절을 연계된 한 문장으로 보는 경우가 있다면서 각각의 문제점을 상세히 다룬다. 그는 결론적으로 1, 2, 3절을 각각 독립절로 보는 것이 옳다고 주장한다. 박준서, "창세기 1-3장 번역의 문제점," 「신학논단」 18 (1989), 93-108.
>
> 클라우스 베스터만은 1절은 '서론적 요약' 2절은 '하나님의

창조행위가 시작되는 상황' 3절은 '창조의 시작'으로 각각 설명한다. Claus Westermann, *Genesis* 1-11: *A Commentary* (Augsburg: 1984) 102. 랍비 조나단 색스는 '처음'으로 번역된 '레쉬트'에는 '전체' '기초' '원칙'의 의미도 있다고 설명한다. '처음'으로 해석하지 않을 수 있다는 뜻이다. Rabbi Jonathan Sacks, *Covenant & Conversation: A Weekly Reading of the Jewish Bible* (Maggid, 2019) 7.

'태초에'라는 번역에는 칠십인역 성서(히브리 성서의 그리스어 번역)와 신약성서도 영향을 끼쳤다. 칠십인역 성서는 기원전 250년경에 쓰였다. 이 성서는 창세기 1장 1절을 독립된 문장으로 보고 "한 처음에 하나님이 천지를 창조하셨다."라고 번역했다. 문법적으로는 "한 처음에 하나님이 천지를 창조하셨을 때"라고 부사절로 해석할 수 있는 히브리 성서의 문장을 독립절로 번역한 것이다. 문법적으로는 둘 다 가능하지만 내용은 부사절로 보는 게 더 매끄럽다. 부사절로 보면 1-2절은 이렇게 번역된다.

한 처음에 하나님이 천지를 창조하셨을 때 땅은 혼돈하고 공허하며 어둠이 깊음 위에 있고 하나님의 영은 물 위에 움직이고 계셨다.(1:1-2)

그리스 사상에 영향을 받은 '무로부터의 창조'의 관점에서 보면 1절을 부사절로 번역하는 것보다는 독립절로 번역하는 쪽이 그 입장에 더 부합한다. 신약성서 요한복음 1장 1절의 영향을 받아 '태초에'로 번역됐을 수도 있다.

> 태초에 말씀이 계셨다. 그 말씀은 하나님과 함께 계셨다. 그 말씀은 하나님이셨다. 그는 태초에 하나님과 함께 계셨다. 모든 것이 그로 말미암아 창조되었으니 그가 없이 창조된 것은 하나도 없다.(요한복음 1:1-3)

'태초에' 말씀(로고스)이 하나님과 함께 있었고 그 말씀이 하나님이었다. 모든 것이 말씀으로 말미암아 창조됐고 말씀 없이 창조된 것은 하나도 없다. 세상만물이 어디서 비롯됐으며 무엇으로 이루어졌는지를 묻는 그리스 사상이 반영된 서술이다. 이 사상이 창세기 1장 1절의 해석에도 영향을 미쳤다고 추측할 수 있다.

'베레쉬트'를 '한 처음에'라고 번역하면 1장 전체를 달리 이해할 수 있다. '한 처음에'는 절대적인 시간으로서의 처음이 아니라 상대적인 의미의 처음이고 많은 처음들 중 하나를 가리킨다. 그래서 영어로 'in the beginning'이 아니라 'in a beginning'이다. "한 처음에 하나님이 천지를 창조하셨다."

눈 떠 보니 하나님이더라

라는 문장은 절대적인 시간으로서의 '태초'에, 그 전에는 아무 것도 존재하지 않았다가 절대적인 처음에 하나님이 창조행위를 시작함으로써 비로소 존재가 시작됐다는 뜻이 아니다. 그러면 '무로부터의 창조'를 주장할 이유도 없어진다.

'무로부터의 창조' 신학이 잘못됐다는 얘기가 아니다. 그 신학에는 타당한 논리가 있고 그럴만한 이유가 있지만 창세기 1장이 '무로부터의 창조' 신학의 성서적 근거가 될 수는 없다는 얘기다. 구약성서에는 창세기 1-3장 이외에도 다양한 창조 이야기들이 있고 그것들은 다 다른 주장을 내세우고 있다.

3

'창조과학'이니 '지적 설계론'이니 하는 주장이 있다. 전자는 좀 덜 세련됐고 후자는 더 세련돼 보이지만 진화론을 반대하고 구약성서의 창조론을 수호하려 한다는 점에서는 같다. 창조과학 신봉자들은 창세기의 서술을 글자 그대로 믿고 우주의 나이가 6천살이라고 주장한다. '젊은 지구론'이 그것이다. 이들은 우주가 스물네 시간을 하루로 하는 엿새 동안 창조됐다고 믿는다. 지적설계론 주창자들은 '젊은 지구론'을 주장하지는 않지만 엄청나게 복잡한 유기체 같은 우주가 지적인 존재의 의도 없이 만들어지지는 않았을 거라고 주장한다.

그리스도교는 오랫동안 진화론을 반대해왔다. 그런데 '베레쉬트'를 '태초에'가 아니라 '한 처음에'로 읽는다면 창세기 1장을 달리 해석할 수 있다. 세상이 언제, 어떻게 생겨났는지, 어떤 과정과 절차를 거쳐서 지금처럼 됐는지에 대한 얘기로 읽지 않아도 된다. '기원'과 '원인'에 관한 얘기가 아니라 '의미'와 '가치'에 관한 이야기로 읽을 수 있게 된다. 그럴 때 비로소 이 이야기를 '과학'의 이야기가 아니라 '신학'의 이야기로 읽게 된다. 창조이야기는 진화론이라는 과학과 대립할 이유와 필요가 없어진다. 진화론과의 대립을 피하자는 게 아니라 대립할 이유가 없다는 거다. 서로 다른 성격의 얘기를 대립시킬 이유는 없다. 사과는 맞고 배추는 틀렸다는 게 말이 되는가. 진화론은 과학의 차원에서 하는 얘기이고 창조론은 가치와 의미의 차원에서 하는 얘기다. 애초에 진화론과 무관하다는 거다.

창세기의 창조이야기는 의미와 가치뿐 아니라 '관계'에 관한 이야기로 읽을 수 있다. 이 이야기를 하나님과 인간, 하나님과 세계, 그리고 인간과 세계의 관계에 대한 이야기로 읽을 수 있다는 말이다. 창조이야기가 기원에 관한 이야기라면 그것은 세상과 인간의 기원뿐 아니라 관계의 기원에 관한 이야기이기도 하다. 창세기 1-3장을 읽을 때 이 점을 염두에 둠직하다.

눈 떠 보니 하나님이더라

혼돈, 공허, 어둠, 깊음, 그리고 땅과 물

한 처음에 하나님이 천지를 창조하셨다.
땅이 혼돈하고 공허하며
어둠이 깊음 위에 있고
하나님의 영은 물 위에 움직이고 계셨다.
(창세기 1:1-2)

1

'정의'(justice)의 문제는 어느 사회에서나 늘 중요한 주제이고 앞으로도 그럴 것이다. 구약성서도 그렇다. 구약성서는 어느 경전 못지않게 정의에 깊은 관심을 갖고 있다. 특히 '하나님의 정의'(theodicy)에 대한 관심이 깊고 때로는 과격한 표현도 서슴지 않는다. 예컨대,

주님, 제가 주님과 변론할 때마다 언제나 주님이 옳으셨습니다. 그러므로 주님께 공정성 문제 한 가지를 여쭙겠습니다. 어찌하여 악인들이 형통하며 배신자들이 모두 잘 되기만 합

니까? 주님께서 그들을 나무를 심듯이 심으셨으므로 뿌리를 내리고 자라며 열매도 맺으나 말로만 주님과 가까울 뿐 속으로는 주님과 멀리 떨어져 있습니다.(예레미야 12:1-2)

예언자 예레미야는 대놓고 하나님의 정의(공정성, 미슈파팀)를 묻는다. 그는 "어찌하여 악인들이 형통하며 배신자들이 잘 되기만 합니까?"라고 직격탄을 날린다. 언제나 야훼가 옳았다면서 말이다. 대체 뭐가 옳았다는 걸까? 충격적인 말은 "주님께서 그들(악인들과 배신자들)을 나무 심듯이 심으셨으므로……"라고 말한 2절이다. 악인들과 배신자들을 심은 이는 야훼다!

왜 악인들이 형통하고 배신자들이 잘 되냐는 예레미야의 질문에 야훼는 5절 이하에서 대답하지만 만족스럽지 않다. 야훼는 모든 악한 이웃 백성들을 그들 고향 땅에서 쫓아내고 유다 백성을 구하겠다고 약속했다(14절). 예레미야가 이 정도를 악인들과 배신자들에 대한 응분의 조치로 여기지는 않았을 거다.

이사야는 여기서 한 걸음 더 나간다. 사람들에게 평안을 주는 분도 야훼이고 재앙을 내리는 분도 야훼라는 것이다.

나는 주다. 나 밖에 다른 이가 없다. 나 밖에 다른 신은 없다. 네가 비록 나를 알지 못하였으나 나는 너에게 필요한 능력을 주겠다. 그렇게 해서 해가 뜨는 곳에서나 해가 지는 곳에서나 나 밖에 다른 신이 없음을 사람들이 알게 하겠다. 나는 주다. 나 밖에는 다른 이가 없다. 나는 빛도 만들고 어둠도 창조하며 평안도 주고 재앙도 일으킨다. 나 주가 이 모든 일을 한다.(이사야 45:5-7)

야훼 외에 다른 신은 없다. 야훼는 빛도 만들고 어둠도 창조하며 평안도 주고 재앙도 일으킨다. 사람들이 누리는 평안도 야훼가 주는 것이고 그들이 겪는 재앙 역시 야훼가 준다. 착한 사람이 누리는 평안뿐 아니라 악인이 누리는 평안도 야훼가 준다. 악인이 겪는 재앙뿐 아니라 의인이 겪는 재앙 역시 야훼가 준다. 한 마디로 하면 세상 모든 일은 야훼가 벌이는 일이라는 거다. 평안이든 재앙이든, 빛이든 어둠이든 모든 게 야훼에게서 비롯된다니 '일원론'(monism)이라고 부를만하다. 예레미야와도 통하는 생각이다.

예수는 이들과 다르다. 예수와 비교하는 게 뜬금없겠지만 예수는 이들과 생각이 다르다. '밀과 가라지의 비유'에 이 차이가 드러난다.

예수께서 또 다른 비유를 들어서 그들에게 말씀하셨다. "하늘 나라는 자기 밭에다가 좋은 씨를 뿌리는 사람과 같다. 사람들이 잠자는 동안에 원수가 와서 밀 가운데에 가라지를 뿌리고 갔다. 밀이 줄기가 나서 열매를 맺을 때에 가라지도 보였다. 그래서 주인의 종들이 와서 그에게 말하였다. '주인어른, 어른께서 밭에 좋은 씨를 뿌리지 않으셨습니까? 그런데 가라지가 어디에서 생겼습니까?' 주인이 종들에게 말하기를 '원수가 그렇게 하였구나.' 하였다. (마태복음 13:24-28)

사람들이 잠자는 동안 원수 곧 사탄이 밀밭에 가라지를 뿌렸다. 가라지는 농부도 아니고 하나님도 아닌 원수가 뿌렸다. 악인들과 배신자들을 나무 심듯 심은 이는 야훼라는 예레미야와도 다르고 평안과 재앙이 모두 야훼가 하는 일이고 다른 신은 없다고 말한 이사야와도 다르다. 복과 재앙의 근원이 서로 다르다니 '이원론'(dualism)이라고 부름직하다.

악과 재앙의 기원을 찾는 일은 인류의 오랜 숙제다. 인류는 철학과 종교에서 오랫동안 이 질문의 답을 찾아왔다. 단순하게 말하면 답은 일원론과 이원론으로 나뉜다. 둘의 화합은 불가능해 보이는데 성서에는 두 가지가 모두 들어있다. 하나님과 사탄을 동일존재로 보지 않는 한 둘을 화합시킬 수 없는데도 그렇다.

한 처음에 하나님이 천지를 창조하셨다. 땅이 혼돈하고 공허
하며 어둠이 깊음 위에 있고 하나님의 영은 물 위에 움직이고
계셨다.(1:1-2)

'베레쉬트'를 '한 처음에'로 읽으면 절대적인 시간으로서 태
초가 아니므로 하나님의 창조행위 이전에는 아무 것도 존재
하지 않던 때에 창조를 시작한 게 아니게 된다. 그렇다면 "땅
이 혼돈하고 공허하며 어둠이 깊음 위에 있고 하나님의 영은
물 위에 움직이고 계셨다."는 2절은 창조 이전 상태를 묘사하
는 게 된다. 혼돈, 공허, 어둠, 깊음은 추상명사니까 그렇다 쳐
도 땅과 물은 물질명사 아닌가.

이것들은 어디서 왔을까? 하나님 아닌 다른 신(들)이 창조한
것들일까? 아니면 하나님이 천지를 창조하기 전에 이것들은
이미 존재하고 있었을까? 전자는 다신교적이니 구약성서에서
는 용납되지 않는다. 구약성서에서 다수의 신들을 믿고 숭배
하는 자는 신랄하게 비판받는다. 후자는 하나님의 피조물이
아닌 것들이 창조행위 이전에 존재하고 있었다는 얘기다. '베
레쉬트'를 절대적인 시간의 시작으로 읽으면 말이 안 되지만
'한 처음에'(in a beginning)로 읽으면 얘기가 달라진다. 그렇게

읽을 수 있다. 아니, 그렇게 읽을 수밖에 없다.

'한 처음에' 하나님이 천지를 창조하기 전에 혼돈, 공허, 어둠, 깊음, 땅, 물이 이미 있었다. 그것들이 어떻게 생겨났는지, 어디서 비롯됐는지는 말하지 않는다. 누군가가 그것들을 만들었는지, 아니면 스스로 존재했는지 알 수 없다. 궁금하지만 창세기 1장뿐 아니라 구약성서 어디서도 답을 찾을 수 없다. 아쉬운 대목이다.

창세기 1장이 이렇게 서술한 데는 고대 중동문화권 창조신화의 영향이 컸다. 거기에는 다양한 창조신화들이 있었는데 창세기 1장은 그 중에서 바빌론의 창조신화 '에누마 엘리시'(Enuma Elish)와 비슷한 점이 많다. P문서는 바빌론 포로기에 쓰였으므로 바빌론제국의 영향을 받았으리라 충분히 짐작된다. 그래서 하나님의 계시로서 창조이야기의 가치가 폄하되기도 했다. 신화의 영향을 받았다면 하나님의 계시가 아니라는 거다. 양자가 비슷하다는 것은 부정할 수 없는 사실이다. 구약성서의 창조이야기가 '독창적'이지는 않다. 작성 시기로 보아 '에누마 엘리시'가 구약성서를 참조했을 리는 없고 그 반대라고 봐야 한다. 하지만 창세기가 '에누마 엘리시'를 그대로 베끼지는 않았다. 유사점 못지않게 차이점도 많다. 하나님의 계시는 반드시 독창적이어야 하는 것은 아니다. 그런 생각을 버리고 무엇이 어떤 차이를 낳았는지를 이해하면 창세기 창

조이야기의 독창성을 발견할 수 있다. 여기에 창세기 창조이
야기의 독특한 신학이 담겨 있다.

3

'에누마 엘리시'는 서사시 형식으로 쓰인 대표적인 바빌론
창조신화다. 이 시는 마르둑이 모신(母神) 티아맛과의 싸움에
서 승리해서 사람을 창조했고 신들 간의 주도권 다툼에서 혼
란과 무질서의 옛 시대를 극복하고 새 시대를 열었다는 이야
기다. 그 일부를 인용해보면,

> 위로 하늘이 아직 이름으로 불리지 않았고 아래로 땅이 이름
> 으로 불리지 않았을 때 태고의 압수, 그들의 아버지, 그리고
> 그들 모두를 낳은 모체, 티아맛이 그들의 물을 하나로 섞고
> 있었다. 그때에는 들판도 형성되지 않았었고, 갈대밭도 찾을
> 수 없었다. 어떤 신도 나타나지 않고 어떤 이름으로도 불리지
> 않았고, 운명도 결정되지 않았을 때 신들이 그들 가운데 창조
> 되었다.
>
> ...
>
> 티아맛과 신들의 보호자인 마르둑이 다가와 그들이 전쟁을
> 하였다. 마르둑은 그의 그물을 펼쳐 그녀를 감쌌다. 그녀의
> 얼굴에다 그는 자기 뒤에 있는 임훌루-바람을 일으켰다. 티

아맛은 입을 열어 그 바람을 삼키려했다. 그러자 그는 임훌루-바람을 더욱 세게 일으켜 그녀가 입을 다물지 못하게 했다. 강한 바람이 그녀의 배를 당겼다.

'고대 중동문화권'은 이집트에서 가나안을 거쳐 메소포타미아에 이르는 지역의 고대문화권을 가리킨다. 가나안은 양대 문화권의 영향 아래 있었으므로 이 말은 사실상 이집트와 메소포타미아 문화권을 가리킨다. 바빌론의 창조신화 '에누마 엘리시'는 일곱 개의 토판에 아카드어로 기록된 서사시로서 니느웨의 아슈르바니팔 도서관에서 1849년에 발견되어 1875년에 처음으로 출판됐다. 영어판 전문은 인터넷 여러 곳에서 읽을 수 있다. 인용한 우리말 번역은 배철현, '무에서 창조?' 「기독교사상」 2002년 1월호 162쪽에서 재인용했다.

'혼돈'의 상태라고 요약되는 첫 대목은 창세기 1장 2절 '땅이 혼돈하고 공허하며 어둠이 깊음 위에 있고'라는 서술과 유사하다. 마르둑과 티아맛이 전쟁을 벌인다고 말하는 뒷부분은 이 문화권의 창조신화에 자주 등장하는 '전쟁모티브'를 보여준다. 이 점에서 '에누마 엘리쉬'는 창세기 1장과 성격이 다르다. 하나님은 갈등이나 전쟁 없이 오직 말씀으로만 세상을 창조했다. 구약성서에는 전쟁모티브를 포함하는 창조이야기도 있다.

> 하나님은 옛적부터 나의 왕이시며 이 땅에서 구원을 이루시
> 는 분이십니다. 주님께서는 주님의 능력으로 바다를 가르시
> 고 물에 있는 타닌들의 머리를 깨뜨려 부수셨으며 리워야단
> 의 머리를 짓부수셔서 사막에 사는 짐승들에게 먹이로 주셨
> 으며 샘을 터뜨리셔서 개울을 만드시는가 하면 유유히 흐르
> 는 강을 메마르게 하셨습니다. 낮도 주님의 것이요 밤도 주님
> 의 것입니다. 주님께서 달과 해를 제자리에 두셨습니다. 주님
> 께서 땅의 모든 경계를 정하시고 여름과 겨울도 만드셨습니
> 다.(시편 74:12-17)

창조를 노래함이 분명한 이 시편은 창세기 1장과는 다르다.
'타닌'과 '리워야단'은 창조의 신과 싸운 신화적 동물로서 혼
돈과 무질서를 상징한다. 시인은 야훼가 옛적부터(창조 때부터)
바다를 가르고 타닌의 머리를 깨뜨리고 리워야단의 머리를
짓부수며 세상을 창조했다고 노래한다. 고대 중동문화권의 창
조신화에서는 '바다'도 신들 중 하나다. 욥기 26장 12-13절에
도 전쟁모티브가 나온다.

> 능력으로 바다를 정복하시며 지혜로 라합을 쳐부순다. 그분

의 콧김에 하늘이 맑게 개며 그분의 손은 도망치는 바다 괴물을 찔러 죽인다.

라합도 신화에 등장하는 바다괴물이다. 하나님은 지혜로 라합을 쳐부수고 손으로 바다 괴물을 찔러 죽인다. 창조주는 전쟁의 신이다. 이밖에도 욥기 9장, 40-41장 등에서도 전쟁모티브를 볼 수 있다. 이와 달리 야훼가 자신과 맞서는 신화적 짐승을 순하게 길들였다고 노래하는 시편도 있다.

주님, 주님께서 손수 만드신 것이 어찌 이리도 많습니까? 이 모든 것을 주님께서 지혜로 만드셨으니 땅에는 주님이 지으신 것으로 가득합니다. 저 크고 넓은 바다에는 크고 작은 고기들이 헤아릴 수 없이 우글거립니다. 물 위로는 배들도 오가며 주님이 지으신 리워야단도 그 속에서 놉니다. 이 모든 피조물이 주님만 바라보며 때를 따라서 먹이 주시기를 기다립니다. 주님께서 그들에게 먹이를 주시면 그들은 받아먹고 주님께서 손을 펴 먹을 것을 주시면 그들은 만족해합니다. 그러나 주님께서 얼굴을 숨기시면 그들은 떨면서 두려워하고, 주님께서 호흡을 거두어들이시면 그들은 죽어서 본래의 흙으로 돌아갑니다.(시편 104:24-29)

눈 떠 보니 하나님이더라

이 리워야단은 메소포타미아 창조신화의 그것과 다르다. 리워야단은 창조의 신과 싸우는 동물이 아니라 야훼의 창조세상에서 노니는 하나의 짐승이다. 야훼가 주는 먹이를 받아먹고 만족해하는 양순한 짐승이다. 창조주 야훼의 적대자가 아니라는 점에서 시편 74편의 그것과 다르다.

4

위에 인용한 구약성서 구절들이 바빌론 창조신화의 영향을 받았음은 부인할 수 없는 사실이다. 저작 시기를 봐도 그 반대일 수는 없다. 그렇다면 창세기의 저자가 바빌론 창조신화에서 전쟁 모티브를 제거했다고 봐야 한다. 왜 그랬을까? 이 질문은 2절뿐 아니라 1장 전체의 해석과도 관련되어 있다.

P문서 저자가 창조이야기를 썼던 당시 사회문화적, 종교적인 상황을 살펴야 한다. 이스라엘은 오랫동안 야훼의 선택받은 종족이고 야훼의 보호와 복을 받는 종족이므로 외적이 쳐들어와도 안전하게 보호되리라 믿었지만 북 이스라엘은 아시리아에 의해서 파멸이 이르렀고 남 유다는 바빌론에 의해 멸망당해서 다수가 포로로 끌려갔다. 이 상황에서 스스로의 가치와 긍지를 높이는 방법으로 바빌론 창조신화를 '패러디'하여 자기들의 창조 이야기를 만들어냈다는 게 학자들의 견해다. 바빌론 신화의 창조신이 혼돈의 세력과의 처절한 전투 끝

2장 혼돈, 공허, 어둠, 깊음, 그리고 땅과 물

에 세상과 인간을 창조했던 것과 달리 야훼는 투쟁 없이 오직 말씀만으로 세상을 창조했다고 선언함으로서 지금은 가혹한 포로생활을 하지만 언젠가는 질서와 조화를 갖춘 복된 세상이 회복되고 자기들은 거기서 살게 되리라는 희망을 표현했던 것이다.

많은 학자들이 이렇게 주장했다. 최근 것으로 Ellen F. Davies, *Opening Israel's Scriptures* (Oxford University Press, 2019)의 첫 장 "Genesis: 'As Our Image'-Genesis 1:1-2:3"을 참조할 수 있다. P문서 창조이야기의 의도는 사람이 하나님의 형상과 모습대로 창조됐다는 대목에서 더욱 분명히 드러나는데 이에 대해서는 나중에 살펴보겠다.

월터 브뤼그만은 혼돈과 어둠을 바빌론 포로의 경험과 일대일로 대응시키는 것은 지나친 해석이라고 본다. 구체적인 역사적 경험과 창세기의 추상적 표현을 직접적으로 대응시키는 것은 옳지 않다는 것이다. 그는 창세기의 선언은 구체적인 역사적 상황 속에서 나왔지만 그걸 넘어서는 보편적인 의미를 획득했기에 지금껏 인구에 회자되고 있고 본다. Walter Brueggemann, *Genesis: A Bible Commentary for Teaching and Preaching*. Interpretation Series (John Knox Press, 1982) 29.

히브리어로 혼돈, 공허, 어둠, 깊음 중 몇 가지는 메소포타미아 창조신화에 등장하는 신들의 이름과 비슷하다. 그렇기 때문에 직접 신들의 이름을 거명하지 않고 추상적인 개념으로 표현한 것을 메소포타미아 신들에 대한 '탈-신화'(de-deification) 작업으로 해석하기도 한다. 여러 신들이 각축전을 벌인다고 믿었던 고대 중동문화권에서 이단자처럼 야훼 유일주의 신학(mono-Yahwism)을 고수했던 이스라엘이 혼돈과 어둠을 주관하던 신들에게서 그 지위를 박탈했다는 얘기다. 루돌프 불트만이 예수와 신약성서에 대해 20세기 중반에 행했던 비신화화(de-mythologization) 작업에 비견되는 신학 작업을 기원전 6세기 유다의 P문서 저자가 했다. 창세기 1장의 창조 이야기에서 혼돈과 공허는 땅의 상태를 표현하는 데 불과하고 어둠은 그저 깊음의 표면 위에 있었을 뿐이다. 그 상태에서 '하나님의 영'이 물 위에 움직이고 있었다. '한 처음에' 하나님이 천지를 창조했을 때의 상태가 이랬다고 한다. 신들은 그 어디에도 없다.

이제 독자가 창세기 1장 1-2절의 저자라면 천지창조를 어떻게 서술했을지 상상해보자. 독자는 다음 전제를 갖고 이야기를 서술하게 되어 있다고 가정한다.

  (1) 하나님은 천지를 창조한 창조주다.

(2) 하나님은 세상을 질서 있고 조화롭게 창조했고 이 질서
   를 유지하고 있다.
(3) 하지만 세상에는 혼돈스럽고 무질서한 어두운 현실이 있
   다.
(4) 고대 중동문화권의 다양한 창조신화를 알고 있고 그 영
   향권 안에 있다.
(5) 하나님이 천지를 창조했을 때에 그 자리에 있지 않았다.

이런 전제 위에서 독자라면 창조 이야기를 어떻게 썼을까?
우선 천지창조 시에 그 자리에 있지 않았으니 목격자로서 서
술할 수는 없다. 욥처럼 말이다. 하나님은 창조의 목격자가 아
닌 욥을 이렇게 힐난한다.

> 내가 땅의 기초를 놓을 때에 네가 거기에 있기라도 하였느
> 냐? 네가 그처럼 많이 알면 내 물음에 대답해 보아라. 누가 이
> 땅을 설계하였는지 너는 아느냐? 누가 그 위에 측량줄을 띄
> 웠는지 너는 아느냐? 무엇이 땅을 버티는 기둥을 잡고 있느
> 냐? 누가 땅의 주춧돌을 놓았느냐? … 네가 지금까지 살아오
> 면서 네가 아침에게 명령하여 동이 트게 해 본 일이 있느냐?
> 새벽에게 명령하여 새벽이 제자리를 지키게 한 일이 있느냐?
> … 바다 속 깊은 곳에 있는 물 근원에까지 들어가 보았느냐?

눈 떠 보니 하나님이더라

그 밑바닥 깊은 곳을 거닐어 본 일이 있느냐? 죽은 자가 들어
가는 문을 들여다본 일이 있느냐? 그 죽음의 그늘이 드리운
문을 본 일이 있느냐? 세상이 얼마나 큰지 짐작이나 할 수 있
겠느냐? 이 모든 것을 알고 있다면 어디 네 말 한 번 들어 보
자. 빛이 어디에서 오는지 아느냐? 어둠의 근원이 어디에 있는
지 아느냐? 빛과 어둠이 있는 그곳이 얼마나 먼 곳에 있는지
그곳을 보여 줄 수 있느냐? 빛과 어둠이 있는 그곳에 이르는
길을 아느냐? 암, 알고말고. 너는 알 것이다. 내가 이 세상을 만
들 때부터 지금까지 네가 살아왔고 내가 세상 만드는 것을 네
가 보았다면 네가 오죽이나 잘 알겠느냐!(욥기 38:4-21 발췌)

마지막 절은 명백히 조롱이다. 독자는 창조의 목격자가 아
니므로 그의 서술은 자신의 창작물이든지 누군가에게서 전달
받은 얘기일 수밖에 없다. 전달받은 얘기라면 바빌론의 창조
신화가 제1후보다. 바빌론 창조신화는 신들의 전쟁터다. 신들
이 서로 싸우고 투쟁하고 죽고 죽인다. 독자는 이 이야기를 그
대로 가져오지 않는다. 가져올 수도 없다. 이스라엘의 신학은
유일신교(monotheism)나 일신교(henotheism)이기 때문이다. 이
스라엘 신학은 아주 초기를 제외하면 다신교(polytheism)였던
적이 없다. 야훼와 맞서서 대등하게 싸울 신들이 이스라엘에
는 없었다. 바빌론 창조신화에서 혼돈, 공허, 어둠, 깊음의 신

들은 이스라엘에서는 신의 위치를 차지하지 못한다. '한 처음'에 하나님이 천지를 창조하기 전의 '상태'였을 따름이다.

독자는 세상이 온통 아름답고 조화롭고 질서가 잡혀 있다고 경험하지는 않는다. 세상에는 혼돈스럽고 무질서하며 다양한 갈등과 싸움이 있다. 하나님이 세상을 조화롭고 질서 있게 창조했다면 왜 이런 것들이 존재할까? 하나님이 이것들도 창조했을까? 이것들은 하나님과 무관하게 존재하나? 하나님의 창조물이라면 하나님의 정의(theodicy)가 위태로워진다. 혼돈과 무질서와 불의도 하나님이 창조했다면 그 하나님은 정의의 하나님일 수 없다. 그것들이 하나님과 무관하게 존재한다면 하나님은 만물의 창조주일 수 없다. 하나님이 세상을 창조하기 전에 이미 존재했으므로 하나님의 창조물이 아니기 때문이다.

둘 다 가질 수는 없다. 혼돈과 무질서도 하나님이 창조했다고 쓰면 하나님은 정의롭지 않은 신이 되고 그것들은 창조하지 않았다고 쓰면 하나님의 만유(萬有)의 주재자일 수 없다. 독자는 둘 중 하나를 택해야 한다. 어느 편을 택할 것인가? 그건 독자에게 달렸다. 창세기 1장의 저자는 후자를 택했다. '한 처음'에 하나님이 천지를 창조하기 이전에 혼돈과 공허, 어둠과 깊음이 존재하고 있었다고 썼다. 그것들에게 신성(神性)을 제거하고 그렇게 했다. 그것들은 창조주에게 대적하고 창조를 방해하는 신들이 아니라 창조 이전에 존재하던 '상태'였을 뿐이라고 말이다.

5

창세기 1장의 첫 두 절은 이렇게 쓰였다. 필자더러 하라면 이렇게 번역하겠다.

한 처음에 하나님이 천지를 창조하셨을 때 땅이 혼돈하고 공허하며 어둠이 깊음 위에 있고 하나님의 영은 물 위에 움직이고 계셨다.(1:1-2)

3장

물 위에서 유유히 움직이는
하나님의 영, 숨, 바람

하나님의 영, 숨, 바람은 물 위에 움직이고 계셨다.
(창세기 1:2b)

1

"해석자를 해석하라!"

인간이 실재(reality)를 있는 그대로 인식하고 감각하는지 여부는 철학의 오랜 주제다. 그렇다고 주장하는 이론이 있고 그렇지 않다고 주장하는 이론이 있다. 실재라는 것은 인간이 인식하는 대로 만들어지는 것이라는 주장까지 있다. 양극단 중간 어디쯤 자리한 이론들도 있다. 이 논쟁에 끼어들 생각도 그럴 능력도 없지만 다만 우리가 실재를 인식하는 데는 '해석'이라는 과정이 개입되게 마련이란 사실은 안다. 그 과정에서 해석자의 상황이 반영되고 주관이 개입되는 걸 막을 수 없다.

구약성서는 유대교와 그리스도교의 경전이다. 신앙과 삶에 대한 가르침과 교훈을 담고 있다고 믿는다. 양 종교의 신자는 한 걸음 떨어져서 객관적으로 이 책을 읽지 않는다. 이 책이 하나님의 계시이고 말씀이므로 믿음이라는 렌즈를 통해서 읽고 해석해야 한다고 믿는다.

세상 모든 일은 지나치면 부족함만 못하다. 이성을 접어두고 믿음만 강조한다고 좋은 신자가 되지는 않는다. 이성을 믿음의 적으로 여기는 신자들이 있다. 성서를 읽을 때 이성은 제쳐두고 오직 믿음으로만 읽어야 한다고 믿는 사람들이다. 하지만 실상 이들은 이성을 제쳐둔 게 아니다. 믿고 싶은 것만 믿기 위해서 선택적으로 이성을 쓸 뿐이다. 그러면서 좋은 신앙을 갖고 있다고 믿는다.

그런 사람이 얼마나 되겠냐고, 대부분의 신자들은 믿음과 이성을 적절히 조화시킨다고 생각하는 사람도 있다. 그럴 수 있다. 하지만 평소에는 멀쩡하다가 성서를 읽을 때는 상식과 이성을 제쳐놓는 사람이 있지 않은가. 이런 사람은 성서는 특별한 책이니 보통 책과는 달리 읽어야 한단다. 어떤 점에서 그럴까? 어떤 점에서 성서는 일반적인 책과 다르고 성서를 읽는 특별한 방법은 어떤 걸까?

어떤 책이든 선입관을 갖고 읽을 수 있다. 성서도 마찬가지다. 신자는 성서를 믿음을 갖고 읽는다. 성서를 인류의 중요한 정신적 유산이고 고전으로 여기고 객관적으로 연구하는 사람은 다를 수 있다. 성서를 비판할 목적으로 읽을 수도 있다. 신자는 이들과 다르다. 신자는 성서에서 올바른 신앙의 길을 찾기를 기대하고 읽는다.

성서를 자기 신앙에 '맞춰서' 읽거나 '맞추기 위해' 읽는 신자들이 있다. 자기 신앙에 끼워 넣으려고 성서를 자기 멋대로 해석한다. 성서가 수천 년 전에 쓰인 문서라는 사실도 개의치 않는다. 자기와는 다른 문화권에서 쓰인 책이란 사실도 감안하지 않는다. 신관, 인간관, 세계관 등이 자기의 그것과 다르다는 사실도 인정하지 않는다. 그래서 시대착오적으로 해석하면서 그런 줄도 모른다. 성서보다 훨씬 후에 만들어진 교리의 틀에 맞춰서 성서를 해석하기도 한다. 그래서 성서를 읽을 때는 "해석자를 해석하라!"라는 금언을 기억해야 한다. 성서를 해석하는 나를 해석하는 과정이 반드시 필요하다.

2

하나님의 영, 숨, 바람은 물 위에 움직이고 계셨다. (1:2b)

창세기 1장 2b절은 이 금언이 절실한 구절이다. 필자는 위의 인용에서 "하나님의 영은 물 위에 움직이고 계셨다."고 번역한 〈새번역성경〉과 달리 '숨'과 '바람'을 병기했다. 하나님의 영, 숨, 바람은 히브리어로 '루아흐 엘로힘'이다.

해석자는 '루아흐'를 바람으로 번역할지 숨이나 영으로 번역할지 선택해야 한다. 《개역성경》은 '하나님의 신'으로 번역했고 《공동번역성서》는 '하느님의 기운'으로 번역했으며 《개정개역성경》과 《표준새번역성경》《새번역성경》은 모두 '하나님의 영'으로 번역했다. '하나님의 신'과 '하나님의 영'을 같은 뜻으로 보면 '하느님의 기운'으로 번역한 《공동번역성서》가 독특하다. 《표준새번역성경》과 《새번역성경》은 '또는 하나님의 바람 또는 강한 바람'이라는 주석을 달아놓았고 《공동번역성서》는 '바람, 영, 혼, 얼이라고도 옮길 수 있음'이란 주석을 붙여놓았다. '루아흐'에 다양한 의미가 있음을 짐작할 수 있는 대목이다. 영어성서는 대개 'the Spirit of God'으로 번역했는데 New Jerusalem Bible은 'the divine wind'로, New Revised Standard Version과 유대교 성서는 'a wind from God'으로 번역했다.

'루아흐'는 기본적으로 자연현상인 바람(wind)을 가리킨다. 숨(breath)이란 뜻도 있다. '루아흐 엘로힘'은 '하나님의 바람'이나 '하나님의 숨'으로 번역할 수 있다. '하나님의 바람'은 무엇을 가리킬까? 하나님이 조종해서 일으키는 바람? 하나님이 직접 몰고 다니는 바람? '하나님의 바람'이 물 위에 움직이고 있었다는 말은 무슨 뜻일까? 잔잔한 강물 위에 새벽안개가 끼어 있는 장면을 상상하면 될까? 저자는 독자들이 뭘 상상하기를 기대했을까?

창조와 관련해서 '루아흐'가 '숨'을 뜻하는 구절은 시편 33편 6절이다. "주님은 말씀으로 하늘을 지으시고 입김(루아흐)으로 모든 별을 만드셨다." '입김'의 히브리어는 '그(하나님)의 입의 숨'(the breath of his mouth)이다. 매우 구체적으로 표현했다.

자연현상인 '바람'이 눈에 보이지 않는 하나님과 연결되어 있다. 자연스런 연결이라고 할 수는 없다. '하나님의 바람'이란 표현을 신약성서 사도행전 2장의 오순절 성령강림 사건과 연결시키기도 한다. 하지만 둘은 다르다. '루아흐 엘로힘'은 소극적이다. 창조에서 아무 역할도 하지 않는다. 단지 물 위에 움직이고 있었을 뿐이다. 반면 오순절 성령은 신자들로 하여금 각각 자기네 말로 하나님의 큰일을 말하게 만들었다. 역동적인 힘을 발휘해서 신자들을 적극적인 전파자로 만들었다. 그런 점에서 둘은 성격이 다르다.

'루아흐 엘로힘'은 구약성서에 모두 열네 번 등장한다. 이집트 파라오가 요셉을 '하나님의 영'이 함께 하는 사람이라고 불렀고(41:38), 성막 짓는 사람이 '하나님의 영'이 충만한 사람이라고 불렸으며(출애굽기 31:3; 35:31), 예언하는 사울도 같은 칭호로 불렸다(사무엘상 10:10; 11:6; 16:15). 모두 하나님에게 특별한 능력을 부여받은 사람들이다. 반면 창세기 1장 2b절의 '하나님의 영'은 창조에서 아무 역할도 하지 않는다. 창조행위가 이루어지기 전의 상태를 표현할 따름이다.

3

'루아흐 엘로힘'의 의미에 대해서 전문적인 연구자가 아니면 접하기 어려운 해석이 있다. '하나님'을 의미하는 '엘로힘'의 특별한 용법이 그것이다. '엘로힘'은 대부분 하나님 또는 신들(gods)을 가리키지만 형용사로 '강한'이란 뜻을 갖는 경우가 있다.《표준새번역성경》과《새번역성경》에 '루아흐 엘로힘'에 '강한 바람'으로 번역할 수도 있다는 주석이 달려 있는 것은 그래서다. 다음이 그런 경우다.

주님의 의로우심은 **우람한** 산줄기와 같고 주님의 공평하심은 깊고 깊은 심연과도 같습니다. 주님, 주님은 사람과 짐승을 똑같이 돌보십니다.(시편 36:6)

여기서 '우람한 산줄기'는 히브리어로 '하르레 엘'이다. '하나님의 산'으로 번역할 수 있지만 '주님의 의로움이 하나님의 산 같고'라는 번역은 앞뒤가 맞지 않는다. 다만 하나님을 가리키는 '엘'(복수는 '엘로힘')을 최상급 형용사로 보면 '매우 높은 산' 또는 '우람한 산'이 되어 뜻이 통한다.《개역성경》과《개정개역성경》은 '하나님의 산'으로 번역했지만《표준새번역성경》《새번역성경》《공동번역성서》는 모두 '우람한 산줄기'로 번역했다. 영어성서도 Jewish Publication Bible, New Revised Standard Version은 'the mighty mountains'로 번역했고 King James Version은 'the great mountains'로, 유대교 성서는 'the high mountains'로 번역했다. '엘'을 최상급 형용사로 해석한 것이다.

시편 68편 16절의 '하르 엘로힘'도 같은 경우로서 '하나님의 산'이 아니라 '매우 높은 산'이나 '우람한 산'으로 번역하는 게 적절하다. '루아흐 야훼'도 마찬가지다. '루아흐 야훼'에서 '야훼'를 최상급 형용사로 번역할 수 있다. 예컨대 "사막에서 동풍이 불어오게 할 터이니"(호세아 13:15)에서 '동풍'의 히브리 원어는 '루아흐 야훼'인데 문맥으로는 사막에서 '야훼의 바람'이 불어온다는 뜻이 아니라 아라비아 사막의 뜨거운 '동풍'이 불어온다는 의미다. 영어성서도 대부분 '동풍'(an east wind)으로 번역했다. '루아흐 엘로힘'을 어떻게 번역할지에 관한 상세한 논의는 박준서, "창세기 1-3장 번역의 문제점,"「신학논단」18, 93-108에 상세히 서술되어 있다.

눈 떠 보니 하나님이더라

반면 마크 스미스(Mark S. Smith)는 '루아흐 엘로힘'의 '엘로힘'을 최상급 형용사가 아니라 '창조자로서 하나님의 힘과 권능'을 뜻한다고 해석한다. 그는 "능력으로 바다를 정복하시며 지혜로 라합을 쳐부순다. 그분의 콧김(루아흐)에 하늘이 맑게 개며 그분의 손은 도망치는 바다 괴물을 찔러 죽인다."(욥기 26:12-13)는 구절을 예로 든다. Mark S. Smith, *The Priestly Vision of Genesis 1* (Fortress, 2010), 53.

창세기 1장 2절의 '루아흐 엘로힘'은 하나님의 바람이나 하나님의 숨, 또는 하나님의 영으로 번역될 수 있다. 세 경우 모두 문맥상으로 뜻이 통하므로 어느 편을 선택할지는 문법이 아니라 신학이 결정한다. 《공동번역성서》 외에는 모두 '하나님의 영, 신'으로 번역한 데는 신학적 고려가 작용했다고 생각한다. '루아흐 엘로힘'은 삼위일체의 '성령'과는 관련이 없다. 오순절 사건의 성령도 다르다. 창세기 1장 2b절의 '루아흐 엘로힘'은 그저 물 위에 움직이고 있었다. 하나님의 창조행위가 시작되기 전에 하나님의 숨이 물 위에 움직이고 있었다. 창조 이전의 상태를 묘사한 것이다. 이 이상의 해석은 과유불급(過猶不及)이다. 지나침은 모자람만 못하다. 성서를 지나치게 신학적으로 해석하는 것도 경계할 일이다.

빛이 생겨라!

하나님이 말씀하시기를
"빛이 생겨라."
하시니 빛이 생겼다.
(창세기 1:3)

1

빛이 생기기 이전에 어둠이 어둠이었을까? 빛이 없는데 어둠이 있을 수 있나? 어둠이 어둠인 것은 빛이 있기 때문이다. 빛이 있으니까 어둠이 있다. 세상에는 무엇이 없으면 있을 수 없는 것이 있다. 무엇이 있어야 비로소 있을 수 있는 것 말이다. 빛과 어둠이 그렇다. 빛이 있기 전에는 어둠은 존재하지 않는다. 빛이 있어야 어둠을 어둠으로 부를 수 있으니 그렇다.

하나님이 말씀하시기를 "빛이 생겨라." 하시니 빛이 생겼다. 그 빛이 하나님 보시기에 좋았다. 하나님이 빛과 어둠을 나누

서서 빛을 낮이라고 하시고 어둠을 밤이라고 하셨다. 저녁이
되고 아침이 되니 하루가 지났다.(1:3-5)

하나님이 생기라고 명한 '빛'은 히브리어로 '오르'다. 구
약성서에 셀 수 없이 많이 나온다. 하나님이 '오르'가 생기라
고 말하니 '오르'가 생겼는데 그 '오르'가 하나님 보기에 좋았
다. 하나님은 '오르'와 '호셰크'(어둠)를 나눠서('바달') '오르'를
'욤'(낮)이라고 칭하고 '호셰크'를 '라옐라'(밤)라고 칭했다. '에
베르'(저녁)가 되고 '보케르'(아침)가 되니 '욤 에하드'(하루)가 지
났다. 어색하지만 중요한 단어들을 히브리어로 읽어봤다. 그
럴만한 이유가 있어서다.

이 날 창조된 '오르'의 상대어 '호셰크'는 '어둠'이란 뜻이
다. 같은 말 '호셰크'가 "땅이 혼돈하고 공허하며 어둠이 깊음
위에 있고…"라는 2절에도 나온다. 어둠은 '한 처음에' 하나
님이 천지를 창조하기 전에 이미 있었다. 빛이 생기기 전에 어
둠은 있을 수 없고 설령 있다고 해도 그것은 어둠일 수 없다고
했다. 어둠은 빛이 있고 나서야 비로소 인식할 수 있기 때문이
다. 그런데 창세기 1장에서는 그렇지 않다. 어둠은 빛이 창조
되기 전에 땅, 혼돈, 공허, 깊음, 물 등 원초적 물질 중 하나로
있었다.

어둠은 빛이 창조됨으로써 빛과 어둠으로 '나뉘었고' 빛은

'낮'이 됐고 어둠은 '밤'이 됐다. 이렇게 '하루'라는 '시간'이 창조됐다. 빛의 창조는 곧 시간의 창조였다. 하나님은 재료 없이 (*ex nihilo*) 빛을 창조하여 그 빛에 '좋다'고 만족감을 표한 다음 '한 처음' 이전에 존재하던 '어둠'을 불러내어 빛과 어둠을 구별해서 빛을 낮이라고 어둠을 밤이라고 칭함으로써 '하루'(욤 에하드)라는 시간을 창조했다. 그렇게 창조된 '하루'는 이어지는 시간들의 기준이 되어서 그 다음에는 이튿날, 사흘날 등으로 불렸다.

5절이 "저녁이 되고 아침이 되니 '하루'가 지났다."라고 서술한 데 주목할 필요가 있다. 이후에는 '이튿날'(8절) '사흘날'(13절) '나흘날'(19절) '닷샛날'(23절) '엿샛날'(31절)로 칭하고 창조행위를 마치고 안식한 날도 '이렛날'(2:3)로 칭하는데 유독 이 날은 '첫날'(first day)이라고 부르지 않고 '하루'(욤 에하드)라고 불렀다. '첫째 날'을 의미하는 히브리어 '욤 하리숀'이란 말이 있는데도 말이다. 이 날이 수많은 날들 중에 하나가 아니라 시간이 창조된 날, 곧 시간이 시작된 날임을 말하기 위해서다. 빛이 창조되어 낮과 밤이 나뉜 날, 곧 시간으로서 날(day)이 창조된 날과 이후에 이어지는 날들을 구별하려는 의도라는 얘기다.

눈 떠 보니 하나님이더라

2

빛이 창조됨으로써 낮과 밤이란 시간이 만들어졌다. 빛은 공간을 채우는 물질로서 당연히 공간적 개념이다. 공간적 존재인 빛이 창조됨으로써 낮과 밤이란 시간이 구별됐다. 시간과 공간이 별도의 실재가 아니란 뜻일까? 둘을 서로 경계를 넘나드는 개념으로 봤을까? 저자가 현대 물리학을 알았을 리없는데 왜 이렇게 생각했는지 궁금하다.

이 '하루'(첫날)에 벌어진 일과 넷째 날 벌어질 일 사이의 관계에 대해 해석자들이 다양한 의견을 내놓았다. 이 날 하나님이 "빛이 생겨라."고 말하니 빛이 생겼고 그 빛과 어둠이 나눠져서 빛은 낮이 되고 어둠은 밤이 됐다. 넷째 날에도 이와 비슷한 일이 벌어졌다.

> 하나님이 말씀하시기를 "하늘 창공에 빛나는 것들이 생겨서 낮과 밤을 가르고 계절과 날과 해를 나타내는 표가 되어라. 또 하늘 창공에 있는 빛나는 것들은 땅을 환히 비추어라." 하시니 그대로 되었다. 하나님이 두 큰 빛을 만드시고 둘 가운데서 큰 빛으로는 낮을 다스리게 하시고 작은 빛으로는 밤을 다스리게 하셨다. 또 별들도 만드셨다. 하나님이 빛나는 것들을 하늘 창공에 두시고 땅을 비추게 하시고 낮과 밤을 다스리게 하시며 빛과 어둠을 가르게 하셨다. 하나님 보시기에 좋

았다. 저녁이 되고 아침이 되니 나흘날이 지났다.(1:14-19)

3-5절에서 이미 일어난 일이 반복된 것처럼 보인다. 거기서도 '빛'이 창조됐고 그 빛이 '낮과 밤'을 갈랐는데(3-4절) 여기서도 '빛나는 것들'이 생겨서 '낮과 밤'을 갈랐다니 말이다(14절). 두 큰 빛들 가운데 큰 빛으로는 낮을, 작은 빛으로는 밤을 다스리게 했다니 똑같은 일이 반복된 게 아닌가. 세세한 부분은 다르지만 말이다.

《새번역성경》이 '빛나는 것들'이라고 번역한 히브리어 '마오로트'는 '빛나는 물건'이란 뜻을 가진 '마오르'의 복수형이다. 영어성서는 'luminaries'라고 번역했다. 4절의 '오르'(빛)와는 비슷하지만 다른 단어다. 또한 3-5절에서는 하나님이 '오르'(단수, 복수는 '오로트')로 빛과 어둠을 나눴는데 여기서는 '빛나는 것들'(복수)이 '하늘 창공'이라는 곳에 생겨서 낮과 밤을 갈랐다. 그것들이 계절과 날과 해를 나타내는 표가 됐다고도 했다. 두 개의 '빛나는 것들'(마오로트) 중에서 '큰 빛'으로는 낮을 다스리게 하고 '작은 빛'으로는 밤을 다스리게 했다는데 그런 얘기는 3-5절에는 없다. 14-19절이 3-5절보다 한결 자세하고 구체적이지만 반복이라는 인상은 지워지지 않는다. 빛이 두 번 창조된 것처럼 보여서 해석자들은 곤혹스럽다. 하나님이 똑같은 창조행위를 두 번 했다면 왜 그랬고 서로 다른 행위라면 어떤 점에서 그런가?

쉬운 해결책은 둘 중 하나를 알레고리적으로 읽는 것이다. 대개는 3-5절을 알레고리로 읽는다. 14-19절이 훨씬 더 구체적으로 서술되어 있기 때문이다. 그날만 '첫째 날'이 아닌 '하루'로 칭해진 것도 알레고리로 해석하는 근거가 된다. 이후의 날들과 다르다는 거다. 둘째 날부터는 24시간 하루를 의미하지만 그날은 24시간 하루가 아니라고 주장하는 사람들이 있다. '창조과학'이나 '지적설계론' 신봉자들 중에 그런 사람들이 많다. 이들은 24시간을 하루로 쳐서 엿새 동안 온 우주가 창조됐다는 주장은 무리라고 생각해서 빛이 창조된 '하루'(첫째 날)는 24시간 하루가 아니라 매우 긴 시간이라고 주장한다. 그래서 3-5절을 글자 그대로 읽지 않고 알레고리로 읽는다. 그렇다면 뭘 근거로 다른 날들은 모두 24시간 하루로 이해하는데 굳이 이 구절만 알레고리로 해석해야 하는지를 밝혀야 하는데 그 근거를 제시했다는 얘기는 아직 들어보지 못했다.

3

두 가지 빛의 창조이야기가 있다는 사실은 고대 해석자들에게도 골칫거리였다. 이에 대해 다양한 해석을 내놓았는데 그 중 몇 가지를 소개한다.

바빌로니아 탈무드는 3-5절에서 빛을 창조했지만 사람들

4장 빛이 생겨라!

이 사악해서 그 빛을 누릴 자격이 없기 때문에 하나님이 빛을 숨겼다고 했다. 빛이 창조됐지만 노아시대 홍수사건에서 보듯이 하나님이 사람 만든 걸 후회할 정도로 사람들이 사악해서(6:5-6) 그들이 자격을 갖출 때까지 빛을 숨겨뒀다는 거다.

바빌로니아 탈무드에는 이런 해석도 있다. 3-5절에서 창조된 빛과 14-19절에서 창조된 빛은 동일하지만 그 빛이 걸려 있을 데가 없다가 둘째 날에 '창공'이 창조되자(6절) 드디어 걸릴 데가 정해져서 해와 달이 됐다. 흥미로운 해석인데 궁금증은 여전히 남는다. 그렇다면 낮과 밤이 두 번 나뉜 것은 어떻게 해석해야 할까? 첫째 날(3-5절은 '하루'라고 표현했지만 편의상 이렇게 쓴다) 낮밤이 나뉘었는데 넷째 날에 왜 또 다시 낮밤이 나뉘었냐는 거다. 넷째 날에 낮밤이 나뉘었다면 둘째 날과 셋째 날에 '저녁이 되고 아침이 되니'라는 표현이 난센스인 것도 문제다.

그밖에 첫째 날에 창조된 빛이 넷째 날에 와서야 태양으로 모아져서 저장됐다고 해석한 학자도 있었다. 14절의 '빛나는 것들'이 창조된 이유는 사람들로 하여금 정확히 시간을 계측하게 하기 위해서라고 주장한 학자도 있었다. 넷째 날의 '빛나는 것들'이 '낮과 밤을 가르고 계절과 날과 해를 나타내는 표'가 됐다고 말한 이유가 이것이다. 라쉬밤(Rashbam, Samuel ben Meir, 1085-1158)이 이렇게 해석했는데 이는 유대인에게나 해당

눈 떠 보니 하나님이더라

되는 해석이라 하겠다. 유대인에게는 정확하게 언제 해가 져서 안식일이 시작되고 끝나는지가 중요했으니 말이다. 이런 해석이 유대인들에게는 설득력이 있을 수 있지만 그리스도인들에게도 그랬을 지는 의문이다.

빛의 창조에 대한 유대교의 해석은 다음 자료에 상세히 서술되어 있다. Dr. Rabbi Zev Faber, "If the Sun Is Created on Day 4, What Is the Light on Day 1?" 「The Torah」(www.thetorah.com/article/if-the-sun-is-created-on-day-4-what-is-the-light-on-day-1)

4

첫째 날의 '빛'을 물질이 아니라 추상적인 개념으로 읽은 학자도 있다. 첫째 날에 창조된 빛은 개념으로서 빛이고 물질로서의 빛은 넷째 날 창조됐다는 해석이다. 그럴듯하지만 저자도 그렇게 생각했을지 의문이다. 현대인은 추상적 개념과 실재하는 물질을 구분하는 데 익숙하지만 저자는 그렇지 않았다. 1장 2절의 혼돈, 공허, 어둠, 깊음 등에 대해서도 저자와 현대인은 다르게 이해한다. 현대인은 이것들을 물질로 여기지 않는다. 추상적인 개념일 따름이다. 고대인들은 그렇지 않았다. 그들은 추상적 개념과 구상적(具象的) 물질을 구별하는 데

4장 빛이 생겨라!

익숙하지 않았다. 혼돈, 공허, 어둠, 깊음 등도 그들은 물질적 존재로 여겼다. 그 문화권에서 이들은 살아 있는 신들(gods)이 었다.

낮이 밝은 것은 해에서 오는 빛 때문이다. 해가 비치는 낮 동안에는 밝고 해가 진 다음 밤이 어두운 것은 해가 없기 때문임을 현대인은 안다. 낮의 밝음을 해와 떼어놓고 생각하지 않는다. 하지만 창세기 1장의 저자는 그렇지 않다. 창공에 걸려 있는 해 덕분에 낮에는 아주 밝고 달과 별 덕분에 밤에는 낮처럼 밝지는 않지만 칠흑처럼 캄캄하지는 않다. 하지만 해와 달을 빛의 근원이라고 생각하지는 않았다. 해는 빛의 근원이 아니다. 빛의 근원을 해와 별개로 생각했다. 이런 생각이 다음 구절에 반영되어 있다.

네가 지금까지 살아오면서 네가 아침에게 명령하여 동이 트게 해 본 일이 있느냐? 새벽에게 명령하여 새벽이 제자리를 지키게 한 일이 있느냐? 빛이 어디에서 오는지 아느냐? 어둠의 근원이 어디에 있는지 아느냐? 빛과 어둠이 있는 그곳이 얼마나 먼 곳에 있는지 그곳을 보여 줄 수 있느냐? 빛과 어둠이 있는 그곳에 이르는 길을 아느냐?(욥기 38:12, 19-20)

하나님은 매일 아침 동트는 걸 보며 살아온 욥에게 빛이 어디서 오는지, 어둠의 근원이 어디에 있는지 아느냐고 묻는다. 빛과 어둠이 얼마나 먼 곳에 있는지, 그리로 가는 길을 아는지 묻는다. 그것은 사람이 알 수 없는 신비다.

빛과 어둠이 궁극적으로는 신비에 속한다고 생각했으므로 첫째 날의 빛의 창조와 넷째 날의 해와 달과 별들의 창조를 별개로 여긴 게 아닐까? 첫째 날에는 빛과 어둠이란 물질이 창조됐고 넷째 날에는 그것과는 별개로 해와 달과 별들이란 또다른 물질이 창조됐다고 이해한 게 아닐까 싶다.

여기서는 이 정도만 얘기하고 넷째 날의 창조를 설명할 때 약간 덧붙이겠다.

세상의 구조를 세우고 생명체로 채우다

하나님이 말씀하시기를 "물 한가운데 창공이 생겨
물과 물 사이가 갈라져라." 하셨다.
하나님이 이처럼 창공을 만드시고서
물을 창공 아래에 있는 물과
창공 위에 있는 물로 나누시니 그대로 되었다.
하나님이 창공을 하늘이라고 하셨다.
저녁이 되고 아침이 되니 이튿날이 지났다.
(창세기 1:6-8)

1

창세기 1장이 창조 이야기를 서술하는 자리는 지구다. 지구
에서 하늘과 땅과 시야에 들어오는 모든 것을 바라보며 이야
기를 전개한다. 저자에게는 지구가 우주라는 거대한 공간 안
에 있는 하나의 작은 행성이란 인식이 없다. 저자가 눈으로 보
는 세계가 상상할 수 있는 세계의 전부다. 저자의 관심은 거의
전적으로 지구에 머물러 있다. 현대인이 아는 거대한 우주, 수
없이 많은 은하와 별들은 저자의 인식 범위 밖에 있다. 눈에

보이는 해와 달과 별들 외에 그는 우주에 대해 아무 것도 모른다. 그가 구사하는 언어는 매우 의미심장하고 상상력을 자극하며 시적이지만 현대과학에는 맞지 않는다. 독자들은 현대과학의 잣대로 창조이야기를 판단하려 하지 말아야 한다. 저자가 무엇을 말하려 하는지, 어떤 메시지를 전하려고 이 글을 썼는지를 묻고 답을 찾아야 한다.

3-5절은 빛의 창조를 말하지만 빛의 근원에 대해서는 애매하게 침묵한다고 했다. '빛'과 '어둠'은 물질이다. 그러면서도 '빛'이 '빛'과 '어둠'을 나눴다는, 이치에 맞지 않는 말을 한다. 하나님이 '빛'을 '낮'이라고, '어둠'을 '밤'이라 칭했고 '저녁'이 되고 '아침'이 되니 '하루'가 지났다고 했다. 해와 달과 별들이 없는데 어떻게 '저녁'이 되고 '아침'이 된단 말인가. 해, 달, 별들은 넷째 날에 가서야 비로소 만들어지는데 말이다.

이렇게 이치를 따지면 얘기를 진행할 수 없다. 현대인에게는 비논리적으로 보이는 점들이 저자와 그 시대에는 그렇지 않았다. 이런 인식 하에 창조이야기가 무엇을 말하지를 이해하는 게 해석자의 일이다. 성서를 과학적이나 역사적으로 오류가 없는 완전한 진리로 믿을 작정이 아니라면 말이다.

2

둘째 날에는 물들(히브리어는 복수)을 나누는 작업이 이루어졌다. 이 작업 이전의 세상은 하나님이 창조하지 않는 원초적인 물들로 덮여있었다. 하나님의 영이 그 위에 움직이고 있었다는 바로 그 물들 말이다(2절).

> 하나님이 말씀하시기를 "물 한가운데 창공이 생겨 물과 물 사이가 갈라져라." 하셨다. 하나님이 이처럼 창공을 만드시고서 물을 창공 아래에 있는 물과 창공 위에 있는 물로 나누시니 그대로 되었다. 하나님이 창공을 하늘이라고 하셨다. 저녁이 되고 아침이 되니 이튿날이 지났다.(1:6-8)

'한 처음에' 존재하던 '물들'이 둘로 갈라졌다. 하나님은 이걸 위해 '창공'이란 것을 만들었다. 하나님은 창공도 빛을 만든 것처럼 재료 없이(ex nihilo) 만들고 거기에 '하늘'이란 이름을 붙였다.

'창공'은 '하늘'이다. 현대인에게 하늘은 광활하고 푸른 빈 공간이다. 실제로 빈 공간은 아니지만 현대인은 비어 있다고 생각한다. 저자는 그렇지 않았다. 그에게 하늘은 빈 공간이 아니라 '물질'이었다.

창공은 히브리어로 '라키아'인데 이를 영어성서는 'firmament' 'expanse' 'dome' 등으로 번역했다. 우리말 성경은 '창공'이나 '궁창'으로 번역했다. '라키아'는 본래 '우묵한 그릇'이나 '철제 대야'를 가리킨다. 창공을 의미하는 영어 'firmament'에도 딱딱하다는 'firm'이란 말이 들어있다. 하늘은 하나의 물질로서 '우묵한 그릇' 같은 것으로 여겨졌다. 하나님은 딱딱한 그릇 같은 '라키아'을 만들어서 원초적인 물들을 그릇 위의 물들과 그릇 아래의 물들로 나눴다. 저녁이 되고 아침이 되니 이튿날이 지났다. 아직 해, 달, 별들이 만들어지지 않았는데 저녁이 되고 아침이 됐단다.

'창공'의 재료는 언급되지 않았다. 재료 없이(*ex nihilo*) 만들어졌다. 고대 유대교 해석자들에게는 이게 불편했던 모양이다. 원초적인 물의 중간층(middle layer)을 굳게 해서 '창공'을 만들었다고 추측한 해석자가 있었으니 말이다. 이렇게 추측한 데는 두 가지 정도 이유가 있었을 게다. 첫째, 온도가 낮아지면 물이 얼음이 되니 물의 중간층을 굳게 만든다는 상상이 가능했을 터이다. 둘째, '창공'을 만들었다고 서술할 때 '바라'가 아니라 '아싸'라는 동사가 쓰였다. '바라'는 하나님만 주어로 사용된 '창조하다'는 뜻이고 '아싸'는 사람도 주어가 될 수 있는 평범한 의미의 '만들다'라는 동사다. 그래서 '창공'은 재료를 갖고 만들어졌다고 여겼을 걸로 추측된다. 이 해석에 대한 설명은 다음을 참조하라. Dr. Rabbi Zev Faber, "If the Sun Is Created on Day 4, What Is the Light on Day 1?" 「The

5장 세상의 구조를 세우고 생명체로 채우다

Torah」(www.thetorah.com/article/if-the-sun-is-created-on-day-4-
what-is-the-light-on-day-1)

3

이렇게 나뉜 물들은 셋째 날에 갈 곳이 정해졌다. 하나님은
하늘 아래에 있는 물들을 한 곳에 모아서 바다를 만들어 뭍이
드러나게 했다.

하나님이 말씀하시기를 "하늘 아래에 있는 물은 한 곳으로
모이고 뭍은 드러나거라." 하시니 그대로 되었다. 하나님이
뭍을 땅이라고 하시고 모인 물을 바다라고 하셨다. 하나님 보
시기에 좋았다.(1:9-10)

'뭍'은 히브리어로 '하 야바샤'로서 마른 땅(the dry land)을
가리킨다. 뭍은 물들에 덮여서 드러나지 않았을 뿐 이미 존재
하고 있었는데 물들이 바다로 모이자 스스로 드러났다. 뭍을
하나님은 '땅'(에레쯔)이라고 불렀다.

하나님이 말씀하시기를 "땅은 푸른 움을 돋아나게 하여라. 씨
를 맺는 식물과 씨 있는 열매를 맺는 나무가 그 종류대로 땅
위에서 돋아나게 하여라." 하시니 그대로 되었다. 땅은 푸른

움을 돋아나게 하고 씨를 맺는 식물을 그 종류대로 나게 하고 씨 있는 열매를 맺는 나무를 그 종류대로 돋아나게 하였다. 하나님 보시기에 좋았다. 저녁이 되고 아침이 되니 사흘날이 지났다.(1:11-13)

하나님은 땅에게 식물이 돋아나게 하라고 말했고 땅은 그대로 행했다. 식물은 '씨를 맺는 식물과 씨 있는 열매를 맺는 나무'였다. 그 식물들이 '종류대로' 땅에서 움이 돋았다. 저자가 아는 식물 종류가 이게 전부였을까? 아니면 저자가 나름의 기준을 따라 이것들만 언급했을까? 이 서술만으로는 알 수 없다. 과학에 민감한 독자는 해가 없는데 어떻게 식물이 살겠나 싶겠지만 그건 저자의 관심사가 아니다. 저자는 해가 있어야 식물이 살 수 있다고 생각하지 않았을 수 있다. 어차피 과학지식을 논하는 자리는 아니다.

둘째 날과 셋째 날에는 무생물이 존재할 환경이 조성됐다. 둘째 날에 창공을 만들어 혼돈 상태였던 물들을 창공 위와 아래의 물들로 나눠서 질서를 잡았고 물들을 바다로 모아 뭍이 드러나게 해서 식물이 살 수 있는 환경을 조성했다. 이렇게 조성된 환경 속에서 땅은 각종 식물과 열매 맺는 나무를 돋아나게 했다.

5장 세상의 구조를 세우고 생명체로 채우다

저자가 식물을 어떻게 생각했는지에 대해 언급할 필요가 있다. 창세기 1-3장에서 식물은 생명체로 간주되지 않는다. 이상하게 들리겠지만 동물이라는 생명체와는 구별했다. 동물이 뭘 먹고 어떻게 살아가는지 관찰을 통해 알 수 있지만 식물이 어떻게 살아가고 성장하는지에 대한 과학적 지식이 없었으므로 동물과 같은 생명체로 여기지 않았다. 그 시대 사람들은 생명이 '피'에 있다고 믿었으니(9:4) 그것이 없는 식물을 생명체로 여기지 않기도 했다. 둘째 날과 셋째 날에 식물을 포함한 '무생물'의 생존 환경이 조성됐다고 쓴 이유가 여기 있다.

4

넷째 날에 이루어진 일에 대해서는 앞 장에서 빛의 창조에 대해 얘기할 때 다뤘으니 여기서는 약간만 덧붙이겠다.

하나님이 말씀하시기를 "하늘 창공에 빛나는 것들이 생겨서 낮과 밤을 가르고 계절과 날과 해를 나타내는 표가 되어라. 또 하늘 창공에 있는 빛나는 것들은 땅을 환히 비추어라." 하시니 그대로 되었다. 하나님이 두 큰 빛을 만드시고 둘 가운데서 큰 빛으로는 낮을 다스리게 하시고 작은 빛으로는 밤을 다스리게 하셨다. 또 별들도 만드셨다. 하나님이 빛나는 것들을 하늘 창공에 두시고 땅을 비추게 하시고 낮과 밤을 다스리

게 하시며 빛과 어둠을 가르게 하셨다. 하나님 보시기에 좋았
다. 저녁이 되고 아침이 되니 나흘날이 지났다.(1:14-19)

하루에 한 일의 서술로서는 아직까지는 가장 긴데 대부분
은 첫째 날 이루어진 일의 반복이다. 몇 가지만 언급하겠다.
첫째로 해와 달을 가리키는 게 분명한 대목에서 굳이 그 말
을 쓰지 않고 '큰 빛'과 '작은 빛'이란 말을 썼다. 낮을 다스리
는 빛은 해이고 밤을 다스리는 빛은 달이 분명한데 왜 해와 달
이라고 쓰지 않았을까? '별들'이란 말은 썼으면서 말이다. 학
자들은 그 이유를 고대 중동문화권에서 해와 달이 신으로 숭
배되었기 때문이라고 추정한다.

구약성서에는 우상숭배의 대상으로 해와 달을 지적하는 구절
들이 많다. 예컨대 다음 구절들이 그렇다.
"눈을 들어서 하늘에 있는 해와 달과 별들, 하늘의 모든 천
체를 보고 미혹되어서 절을 하며 그것들을 섬겨서는 안 됩니
다. 하늘에 있는 해와 달과 별과 같은 천체는 주 당신들의 하나
님이 이 세상에 있는 다른 민족들이나 섬기라고 주신 것입니
다."(신명기 4:19)
"또 그들은 주님이신 그들의 하나님께서 주신 그 모든 명을
내버리고 쇠를 녹여 부어 두 송아지 형상을 만들었으며 아세

라 목상을 만들어 세우고 하늘의 별들에게 절하며 바알을 섬겼다."(열왕기하 17:16)

"그(므나세)는 아버지 히스기야가 헐어버린 산당들을 다시 세우고 바알을 섬기는 제단을 쌓았으며 이스라엘 왕 아합이 한 것처럼 아세라 목상도 만들었다. 그는 또 하늘의 별을 숭배하고 섬겼다."(열왕기하 21:3)

둘째로 해와 달과 별들은 딱딱한 물질인 '창공'에 걸려 있는 상태에서 움직인다고 여겼다. 땅은 움직이지 않고 천체가 움직인다고 생각했다. 철저하게 지구/땅 중심으로 사고했던 것이다.

셋째로 이 날 해와 달과 별들이 창조됐으므로 저녁이 되고 아침이 됐다는 서술은 이제부터 이치에 맞게 된다. 저자에게는 이런 이치가 무의미하지만 말이다.

5

다섯 째 날에는 물고기들과 새들이 창조됐다.

하나님이 말씀하시기를 "물은 생물을 번성하게 하고 새들은 땅 위 하늘 창공으로 날아다녀라." 하셨다. 하나님이 커다란 바다짐승들과 물에서 번성하는 움직이는 모든 생물을 그 종

눈 떠 보니 하나님이더라

류대로 창조하시고 날개 달린 모든 새를 그 종류대로 창조하셨다. 하나님 보시기에 좋았다. 하나님이 이것들에게 복을 베푸시면서 말씀하시기를 "생육하고 번성하여 여러 바닷물에 충만하여라. 새들도 땅 위에서 번성하여라." 하셨다. 저녁이 되고 아침이 되니 닷샛날이 지났다.(1:20-23)

왜 집짐승과 들짐승보다 물고기와 새가 먼저 창조됐다고 하는지는 알 수 없다. 물고기의 삶의 터전인 물들은 원초적으로 '한 처음' 이전에 존재했기 때문이라고 추정할 수 있다. 하지만 땅도 창공이 만들어지기 전에 존재했는데 뭍짐승이 창조되려면 하루를 더 기다려야 했으니 이 추정은 맞지 않는다.

저자는 물고기들의 창조와 새들의 창조를 달리 서술한다. 하나님은 물에게 명령해서 물고기들을 내게 했지만(Let the waters bring forth swarms of living creatures) 새들에게는 창공을 날아다니라는 명령만 내렸다(Let birds fly above the earth across the firmament of the heavens). 물들은 물고기들의 창조에 직접적으로 관여했고 창공은 새들의 창조에 관여하지 않고 다만 삶의 공간을 제공했다는 얘기다.

21절에 언급된 '커다란 바다짐승들'은 고래처럼 몸집 큰 물고기가 아니다. 그들은 라합이나 리워야단처럼 고대 중동문화권에서 혼돈과 무질서를 상징하는 신화적 동물을 가리킨다.

5장 세상의 구조를 세우고 생명체로 채우다

구약성서에도 이런 괴물들이 등장한다.

> 하나님이 진노를 풀지 아니하시면 라합을 돕는 무리도 무릎을 꿇는데…(욥기 9:13)
>
> 주님은 라합을 격파하여 죽이시고 주님의 원수들을 주님의 강한 팔로 흩으셨습니다.(시편 89:10)
>
> 깨어나십시오! 깨어나십시오! 힘으로 무장하십시오, 주님의 팔이여! 오래 전 옛날처럼 깨어나십시오! 라합을 토막 내시고 용을 찌르시던 바로 그 팔이 아니십니까?(이사야 5:19)
>
> 리워야단을 보는 사람은 쳐다보기만 해도 기가 꺾이고 땅에 고꾸라진다.(욥기 41:9)
>
> 리워야단의 머리를 짓부수셔서 사막에 사는 짐승들에게 먹이로 주셨으며…(시편 74:14)
>
> 그날이 오면 주님께서 좁고 예리한 큰 칼로 벌하실 것이다. 매끄러운 뱀 리워야단, 꼬불꼬불한 뱀 리워야단을 처치하실 것이다. 곧 바다의 괴물을 죽이실 것이다.(이사야 27:1)

혼돈과 무질서의 상징인 괴물 라합과 리워야단은 야훼가 무찔러야 하는 야훼의 대적이다. 그런데 흥미롭게 21절에는 그 괴물도 보통 물고기로 그려진다. 하나님의 피조물에 불과하다는 얘기다. 1장의 창조이야기가 중동문화권의 창조신화들과 다른 지점이다. 위에 인용한 욥기, 시편, 이사야서 구절들처럼 그 문화권 창조신화의 영향이 남아 있는 곳도 있지만 시편 104편처럼 괴물이 창세기 1장의 '커다란 바다짐승'처럼 묘사된 곳도 있다.

> 주님, 주님께서 손수 만드신 것이 어찌 이리도 많습니까? 이 모든 것을 주님께서 지혜로 만드셨으니 땅에는 주님이 지으신 것으로 가득합니다. 저 크고 넓은 바다에는 크고 작은 고기들이 헤아릴 수 없이 우글거립니다. 물 위로는 배들도 오가며 주님이 지으신 리워야단도 그 속에서 놉니다. 이 모든 피조물이 주님만 바라보며 때를 따라서 먹이 주시기를 기다립니다. 주님께서 그들에게 먹이를 주시면 그들은 받아먹고 주님께서 손을 펴 먹을 것을 주시면 그들은 만족해합니다. 그러나 주님께서 얼굴을 숨기시면 그들은 떨면서 두려워하고 주님께서 호흡을 거두어들이시면 그들은 죽어서 본래의 흙으로 돌아갑니다. 주님께서 주님의 영을 불어넣으시면 그들이 다시 창조됩니다. 주님께서는 땅의 모습을 다시 새롭게 하십니다.(시편 104:24-30)

두 가지 점에서 흥미로운 시편이다. 혼돈과 무질서의 괴물 리워야단이 여타 크고 작은 물고기들과 다르지 않다고 노래한다는 점과, 모든 생물은 야훼가 호흡을 거두어가면 죽어서 흙으로 돌아간다고 노래한다는 점이 그렇다. 구약성서에는 다수의 창조이야기와 시편이 있는데 그것들이 단어와 개념과 표현을 주고받으며 변주곡을 만들어낸다. 이를 비교하며 읽는 일은 매우 흥미롭다. 구약성서를 공부하면서 누리는 즐거움이다.

6

하나님이 말씀하시기를 "땅은 생물을 그 종류대로 내어라. 집짐승과 기어 다니는 것과 들짐승을 그 종류대로 내어라." 하시니 그대로 되었다. 하나님이 들짐승을 그 종류대로, 집짐승도 그 종류대로, 들에 사는 모든 길짐승도 그 종류대로 만드셨다. 하나님 보시기에 좋았다… 하나님이 말씀하시기를 "내가 온 땅 위에 있는 씨 맺는 모든 채소와 씨 있는 열매를 맺는 모든 나무를 너희에게 준다. 이것들이 너희의 먹거리가 될 것이다. 또 땅의 모든 짐승과 공중의 모든 새와 땅 위에 사는 모든 것, 곧 생명을 지닌 모든 것에게도 모든 푸른 풀을 먹거리로 준다." 하시니 그대로 되었다. 하나님이 손수 만드신 모든 것을 보시니 보시기에 참 좋았다. 저녁이 되고 아침이 되니 엿샛날이 지났다.(1:24-25, 29-31)

눈 떠 보니 하나님이더라

창조의 마지막 날인 엿새째 날이다. 여기서는 짐승들의 창조만 이야기하고 사람 창조이야기는 다음 장에서 이야기하겠다.

물고기들과 새들이 창조됐으니 남은 것은 뭍에 사는 동물들이다. 뭍짐승들도 물고기들과 같은 방식으로 창조됐다. 24절에서 하나님은 "땅은 생물을 그 종류대로 내어라."라고 말했다. 생물(네페쉬 하야)을 내라는(bring forth) 명령이 '땅'에게 주어졌다. 사람을 포함해서 동물들이 '땅의 흙'에서 왔다고 서술하는 2장과 일맥상통한다(2:7, 19). 모든 뭍짐승들은 흙에서 와서 흙으로 돌아간다. 이렇게 창조된 동물들이 하나님 보기에 좋았다.

26-28절의 사람 창조 얘기는 다음 장에서 하고 29절로 간다. 하나님이 동물들에게 먹을거리를 준다. 사람의 먹을거리는 '온 땅 위에 있는 씨 맺는 모든 채소와 씨 있는 열매를 맺는 모든 나무'(29절)다. 동물들, 곧 '땅의 모든 짐승과 공중의 모든 새와 땅 위에 사는 모든 것, 곧 생명을 지닌 모든 것'에게 준 먹을거리는 '모든 푸른 풀'(30절)이다. 사람을 포함해서 새들과 뭍짐승들은 모두 '채식주의자'다.

저자가 육식동물이 있다는 걸 몰랐을 리 없다. 모든 동물이 풀만 먹는다면 목자가 양들을 지킬 필요가 없다. 그 정도의 과학지식이 없지는 않았을 거다. 그것은 과학지식이라고 부를

5장 세상의 구조를 세우고 생명체로 채우다

것도 없다. 잠언을 보면 이스라엘의 현자들은 작은 곤충들까지 세세하게 관찰해서 그들의 생활습성까지 알았다. 그들이 육식동물의 존재를 몰랐을 리 없으니 이렇게 서술한 데는 이유가 있었을 게다.

혹시 현실세계와 대조적인 이상세계에 대한 희망을 표현한 게 아닐까? 약육강식의 폭력이 판을 치는 현실에서 그것과는 다른 세계를 꿈꾼 것은 아닐까? 잡아먹고 잡아먹히는 일이 없고 모두가 평화롭게 사는 세계에 대한 희망을 이런 식으로 표현했던 게 아닐까? 다음 구절들이 그리는 세계를 짧은 몇 문장으로 축약해서 표현한 것이 아닐까 싶다.

그때에는 이리가 어린 양과 함께 살며 표범이 새끼 염소와 함께 누우며 송아지와 새끼 사자와 살진 짐승이 함께 풀을 뜯고 어린 아이가 그것들을 이끌고 다닌다. 암소와 곰이 서로 벗이 되며 그것들의 새끼가 함께 눕고 사자가 소처럼 풀을 먹는다. 젖 먹는 아이가 독사의 구멍 곁에서 장난하고 젖 뗀 아이가 살무사의 굴에 손을 넣는다. 나의 거룩한 산 모든 곳에서 서로 해치거나 파괴하는 일이 없다…(이사야 11:6-9)

육식동물들이 풀을 뜯어먹으리라는 희망은 인간세상에서 모든 폭력과 전쟁이 없어지고 평화가 이루어지기를 바라는 마음의 표현일 수 있다. 예컨대 이런 세상 말이다.

주님께서 민족들 사이의 분쟁을 판결하시고 원근 각처에 있는 열강 사이의 갈등을 해결하실 것이니 나라마다 칼을 쳐서 보습을 만들고 창을 쳐서 낫을 만들 것이며 나라와 나라가 칼을 들고 서로를 치지 않을 것이며 다시는 군사 훈련도 하지 않을 것이다. 사람마다 자기 포도나무와 무화과나무 아래 앉아서 평화롭게 살 것이다. 사람마다 아무런 위협을 받지 않으면서 살 것이다. 이것은 만군의 주님께서 약속하신 것이다. 다른 모든 민족은 각기 자기 신들을 섬기고 순종할 것이다. 그러나 우리는 언제까지나 주 우리의 하나님만을 섬기고 그분에게만 순종할 것이다.(미가 4:3-5)

마지막 때에 주님의 성전이 서 있는 산이 모든 산 가운데서 으뜸가는 산이 될 것이며 모든 언덕보다 높이 솟을 것이니 모든 민족이 물밀듯 그리로 모여들 것이다. 백성들이 오면서 이르기를 "자, 가자. 우리 모두 주님의 산으로 올라가자. 야곱의 하나님이 계신 성전으로 어서 올라가자. 주님께서 우리에게 주님의 길을 가르치실 것이니 주님께서 가르치시는 길을 따르자." 할 것이다… 주님께서 민족들 사이의 분쟁을 판결하시고 뭇 백성 사이의 갈등을 해결하실 것이니 그들이 칼을 쳐서

5장 세상의 구조를 세우고 생명체로 채우다

보습을 만들고 창을 쳐서 낫을 만들 것이며 나라와 나라가 칼을 들고 서로를 치지 않을 것이며 다시는 군사훈련도 하지 않을 것이다.(이사야 2:2-4)

눈 떠 보니 하나님이더라

우리의 형상대로 사람을 만들자

하나님이 말씀하시기를
"우리가 우리의 형상을 따라서
우리의 모양대로 사람을 만들자.
그리고 그가 바다의 고기와 공중의 새와
땅 위에 사는 온갖 들짐승과 땅 위를 기어 다니는
모든 길짐승을 다스리게 하자."
(창세기 1:26)

1

창세기 1장의 창조이야기는 세상의 창조에 관한 이야기로서 창세기 2장의 창조이야기가 사람의 창조에 초점이 맞춰져 있는 것과 대조된다. 2장도 동식물의 창조를 말하지만 에덴동산 안에서 자라는 나무와 풀들, 그리고 남자의 동반자 후보자로서 동물들이 만들어졌다는 얘기가 전부다(2:9, 19). 빛과 어둠, 낮과 밤, 해와 달과 별, 물고기들의 창조이야기는 아예 없다. 첫 번째 창조이야기가 사람의 창조에서 정점에 이른다면 두 번째 창조이야기는 사람의 창조가 유일한 중심이다. 그게 전부라고 해도 지나치지 않다. 첫 번째 창조이야기의 시야가 전 우주적이라면 두 번째의 그것은 에덴동산에 사는 사람으로 좁혀져 있다.

> 하나님이 말씀하시기를 "우리가 우리의 형상을 따라서 우리의 모양대로 사람을 만들자. 그리고 그가 바다의 고기와 공중의 새와 땅 위에 사는 온갖 들짐승과 땅 위를 기어 다니는 모든 길짐승을 다스리게 하자." 하시고(1:26).

엿새째 날 하나님의 창조 행위의 정점인 사람이 만들어진다. 1장에서 창조 행위를 가리키는 특유의 동사인 '바라'가 26절에서는 사용되지 않았다. 물론 1장에서도 모든 창조행위에 이 동사가 사용되지는 않았지만 말이다. 사람 창조에는 일반적으로 '만들다'는 의미를 가진 '아싸'가 사용됐다. 그런데 '바라'가 바로 다음 절인 27절에서는 세 번이나 사용됐다. 저자가 다양한 표현을 즐겼기 때문일까?

> 하나님이 당신의 형상대로 사람을 창조하셨으니(바라) 곧 하나님의 형상대로 사람을 창조하셨다(바라). 하나님이 그들을 남자와 여자로 창조하셨다(바라).(1:27)

눈 떠 보니 하나님이더라

오직 하나님만 주어가 될 수 있는 '바라'를 세 번 사용한 것은 하나님의 사람 창조가 누구도 흉내 낼 수 없는 행위임을 보여주려는 뜻으로 읽을 수 있겠다.

2

1장의 창조이야기에서 이목을 끄는 곳은 하나님이 "우리의 형상대로, 우리의 모양을 따라서 사람을 만들자."라는 대목이다. 당연히 하나님의 '형상'(히브리어로 '쩰렘')과 '모습'(히브리어로 '드무트')이 무엇을 뜻하는지를 두고 오랫동안 토론을 벌여왔다. 비슷한 뜻으로 보이는 '형상'과 '모습'을 구분해서 쓴 것을 보면 다른 뜻이란 의견이 있는가 하면 같은 뜻인데 강조하려고 겹쳐서 썼다는 의견도 있다. 구약성서에서 이들이 사용된 구절을 하나하나 짚어가면서 의미를 규명한 학자도 있다.

'우리'라는 일인칭 복수 대명사도 주목을 끈다. 구약성서의 하나님은 당연히 홀로 존재하는 '유일신'인데 일인칭 복수에 청유형 동사를 쓰는 게 말이 안 된다는 거다. 하나님이 혼자가 아니라 누군가와 함께 있었다는 얘기니까 말이다.

이쯤에서 불편한 진실을 하나 말해야겠다. 구약성서의 하나님이 처음부터 유일신은 아니었다. 이스라엘이 초기부터 야훼를 유일신으로 믿지는 않았다. 야훼는 여러 신들 가운데 하나의 신이었을 따름이다. 이스라엘은 상당기간 동안 야훼와 함께 다른 신들도 숭배했다. 그 흔적이 구약성서 안에도 남아 있고 고고학 자료에서도 볼 수 있다. 그러다가 서서히 일신교(henotheism, 또는 monolatry)가 되었고 결국에는 유일신교(monotheism)가 됐다. 일신교는 다수의 신들이 존재한다고 생각하지만 하나의 신만 믿고 숭배하는 것이고 유일신교는 오로지 하나의 신만 있다고 믿고 숭배하는 것이다. 이스라엘의 종교가 유일신교로 정착한 것은 비교적 후대의 일이다.

이스라엘의 종교가 다신교에서 일신교를 거쳐서 유일신교가 되는 과정에 대한 연구서는 매우 많고 다양하다. 그 중에서 몇 가지만 소개한다. Jack Miles, *God: A Biography* (Knopf, 1995). Mark S. Smith, *The Early History of God: Yahweh and Other Deities in Ancient Israel* (Harper Collins, 1990). Mark S. Smith, *The Origins of Biblical Monotheism: Israel's Polytheistic Background and the Ugaritic Texts* (Oxford University Press, 2001). Mark S. Smith, *The Memoirs of God: History, Memory, and the Experience of the Divine in Ancient Israel* (Fortress Press, 2004).

'청유형' 동사를 사용한 것도 눈에 띈다. 앞선 창조행위는 형식적으로는 그렇지 않지만 내용적으로는 명령이었다. 우리

눈 떠 보니 하나님이더라

말 성서도 '빛이 생겨라'거나 '물과 물이 갈라져라' 등 명령형으로 번역했고 영어성서도 마찬가지다. 시편이 "너희(해, 달, 별 등)가 주님의 명을 따라서 창조되었으니 너희는 그 이름을 찬양하여라."(시편 148:5)라고 노래한 것도 그래서다. 사람의 창조에 명령형 아닌 청유형이 사용된 것이 눈길을 끄는 까닭이다. 다른 피조물들과 구별되니 말이다.

창세기 1장의 하나님은 권위 있는 주권자로 창조행위를 한다. 혼돈과 공허와 어둠 가운데서 빛이 있으라고 명령해서 낮과 밤을 나눴고 창공을 만들어 창공 위의 물과 아래의 물로 나눠서 질서를 구축했다. 그런데 사람을 창조하는 하나님의 모습은 이와 달리 훨씬 덜 권위적이다. 하나님은 '우리'로 표현되는 복수의 누군가와 사람 창조를 두고 상의한다. 다른 피조물을 창조하는 것과는 완전히 다른 방식이다.

3

하나님의 '형상'과 '모습'이 무엇을 의미하는지 살펴볼 차례다. 그 동안 많은 학자들이 다양한 개념들로 이것을 규정했다. 자유니 이성이니 자유의지니 만물의 영장이니 하는 것들이 그것이다. 하지만 이것들은 텍스트에서 근거를 찾은 게 아니라 주로 사람과 동물의 차이에 근거한 것들이다. 텍스트는 '생육' '번성' '충만' '정복' 등을 이것들과 연결시킨다.

6장 우리의 형상대로 사람을 만들자

'형상'과 '모습'이 구약성서에서 어떤 의미로 사용됐는지부터 살펴보자. 구약성서에서 '쩰렘'과 '드무트'는 사람의 본성을 말할 때는 사용되지 않았다. 창세기에서 두 단어가 사용된 경우는 다음과 같다.

> 아담의 역사는 이러하다. 하나님이 사람을 창조하실 때에 하나님의 형상(드무트)대로 사람을 만드셨다.(5:1)
> 아담은 백서른 살에 자기의 형상(드무트) 곧 자기의 모습(쩰렘)을 닮은 아이를 낳고 이름을 셋이라고 하였다.(5:3)
> 사람은 하나님의 형상(쩰렘)대로 지음을 받았으니 누구든지 사람을 죽인 자는 죽임을 당할 것이다.(9:6)

이 구절만 갖고는 하나님의 형상과 모습이 뭘 가리키는지 알 수 없지만 분명한 사실은 구약성서 어디에도 하나님과 사람의 외모가 닮았다고 말하는 데는 없다는 것이다. 십계명 중 야훼의 형상 만드는 것을 금한 둘째 계명도 하나님의 외모에 대한 관심을 없앨 목적으로 제정된 것은 아니었다. 창세기 5장 3절에 셋이 아버지 아담의 형상과 모습을 닮았다고 했을 때 그것들이 외모를 가리키는지 내적인 성격을 가리키는지는 판단할 수 없다. 전자일 가능성이 더 높지만 확증할 수는 없다. 9장 6절은 반대로 내적인 성격을 가리킬 가능성이 더 높

눈 떠 보니 하나님이더라

다. 사람의 외모가 하나님과 닮은 것과 살인 금지는 별 관련이 없어 보이니 말이다. 어쨌든 이 구절들만으로는 하나님의 형상과 모습이 뭘 가리키는지 확증할 수 없다.

고고학자들이 이스라엘의 민간에서는 야훼(와 그의 동반자인 아세라 여신)의 형상을 만들어 소유하는 일이 흔했음을 밝혀냈다. 하지만 그것은 야훼를 눈에 보이는 물질적인 형상으로 갖기를 원했기 때문이지 야훼와 사람의 외모가 닮았기 때문은 아니었다. 이상으로 미루어보면 사람이 하나님의 형상과 모습을 따라 창조됐다는 말은 외모가 닮았다는 뜻은 아니다.

구약성서 밖에서 '형상'과 '모습'이 동시에 사용된 경우는 고대 시리아의 한 지역 통치자의 조각상에 새겨진 글귀가 유일하다고 한다. 조각상은 통치자의 현존(presence)을 상징한다. 통치자가 실제는 거기 없지만 있다고 믿게 하려 했다는 거다. 만일 창세기 1장의 저자가 이런 뜻으로 사람을 '하나님의 형상을 따라서 하나님의 모습대로' 창조했다고 말했다면 사람이 하나님의 부재를 대신하는 존재라는 뜻이 된다. 과연 그럴까?

한편 고대 중동문화권에서 신의 형상은 곧 신상(神像 statue)을 가리켰다. 신의 내적인 성품이나 성격이 아니라 외모를 가리켰다. 그리고 그 문화권에서는 왕 또는 제사장이 신의 형상을 가졌다고 여겼다. 왕을 신들과 일치시키거나 그 지위에 올리려는 정치적 의도의 산물이었다. 신의 형상은 왕이나 제사

6장 우리의 형상대로 사람을 만들자

장만이 가질 수 있는 특권이었다. 일반백성이 신의 형상을 갖는 것은 꿈도 꿀 수 없는 일이었다.

창세기 1장은 사람이 하나님의 형상을 따라서 하나님의 모습대로 창조됐다고 말한다. 왕이나 제사장뿐 아니라 '모든 사람'(하 아담, 정관사 '하'가 붙어 있으니 개인이 아닌 보편적인 사람을 가리킨다.)이 그렇게 창조됐다. 여기에는 지위나 계층의 구별이 없다. 하나님의 형상과 모습의 민주화라고 부를 만하다. 남자와 여자의 구별도 없고 지위의 구별도 없이 모든 사람이 신의 형상대로 창조됐다니 말이다. 반면 하나님의 '형상'과 '모습'이란 말을 사용함으로써 사람을 하나님과 동일시할 수는 없음을 분명히 한다. 같지만 다르다, 다르지만 같다는 걸 보여주는 표현이다.

하나님이 사람을 만들었을 때 '남자와 여자'로 만들었다는 서술에서 하나님은 양성(androgyny)의 소유자라고 주장하기도 한다. 하나님에게 남성과 여성이 공존하고 있다는 거다. 구약성서는 하나님을 대부분 남성으로 서술한다. 하나님을 남성 대명사로 표현하고 사람으로 비유할 때도 왕이나 전사(戰士) 등 남성에 비유한다.

창세기 1장 27절의 히브리 원문을 직역하면 이렇게 된다. "하나님은 자신의 형상대로 사람(하 아담)을 창조했다. 하나님은 자신의 형상대로 그/그것(남성 단수)을 창조했는데 남자와 여자로 그들(남성 복수)을 창조했다." 하나님의 형상대로 창조된 '하 아담'을 받는 '그/그것' 역시 남성 단수다. 그런데 바로 다음에 '그/그것'이 남성 복수인 '그들'이 되고 '그들'은 '남자와 여자'를 가리킨다. 다시 말하면 하나님의 형상대로 창조된 '하 아담'='그것'='그들'='남자와 여자'라는 등식이 성립된다. 하나님의 형상이 곧 남자와 여자의 양성이 되는 셈이다. 상식적으로는 받아들이기 어렵지만 문법적으로는 이런 해석도 가능하다.

4

하나님이 그들에게 복을 베푸셨다. 하나님이 그들에게 말씀하시기를 "생육하고 번성하여 땅에 충만하여라. 땅을 정복하여라. 바다의 고기와 공중의 새와 땅 위에서 살아 움직이는 모든 생물을 다스려라." 하셨다. 하나님이 말씀하시기를 "내가 온 땅 위에 있는 씨 맺는 모든 채소와 씨 있는 열매를 맺는 모든 나무를 너희에게 준다. 이것들이 너희의 먹거리가 될 것이다. 또 땅의 모든 짐승과 공중의 모든 새와 땅 위에 사는 모든 것, 곧 생명을 지닌 모든 것에게도 모든 푸른 풀을 먹거리로 준다." 하시니 그대로 되었다. 하나님이 손수 만드신 모든 것을 보시니 보시기에 참 좋았다. 저녁이 되고 아침이 되니 엿샛날이 지났다.(1:28-31)

6장 우리의 형상대로 사람을 만들자

하나님은 자신의 형상대로, 자신의 모습을 따라서 창조한 남자와 여자에게 복을 베풀고 생육하고 번성하여 땅에 충만하라고 했다. 땅을 정복하고 모든 생물을 다스리라고도 명령했다. 온갖 채소와 열매를 먹을거리로 준다고도 했다. 명실상부 세상의 일인자요 만물의 영장으로 창조됐다는 것이다.

창세기 1장의 하나님은 우주라는 거대한 집의 건축가에 비유된다. 빛을 만들어 혼돈과 공허와 어둠을 광명한 세상으로 바꾸었고 혼돈의 상징인 원초적인 물들을 창공 위의 물과 창공 아래의 물로 나눠서 땅이 드러나게 했다. 하늘에는 해와 달과 별을 걸어놓아 낮과 밤을 밝혔고 땅 위에 온갖 식물과 동물을 만들어 살게 한 다음에 마지막으로 이렇게 만들어진 세상을 다스리고 관리할 사람으로 남자와 여자를 만들었다. 위대한 건축가의 작품인 세상이라는 거대한 집을 다스리고 관리할 책임자로 사람을 임명했다.

하나님의 창조행위가 마무리됐다. "하나님이 손수 만드신 모든 것을 보시니 보시기에 참 좋았다."(31절)고 했다. 전에도 여러 번 자신의 창조물을 보고 '좋았다'고 흐뭇해했던 하나님은 사람을 창조함으로써 엿새에 걸친 창조행위를 마무리하면서 '참 좋았다'면서 크게 흐뭇해했다. 창조라는 노동행위는 끝났지만 끝날 때까지는 끝난 게 아니다. 쉼이 없다면 노동은 끝난 게 아니다.

눈 떠 보니 하나님이더라

이 장이 끝날 때까지 하나님의 형상과 모습이 무엇인지 규명하지 못했다. 긴 세월동안 수많은 학자들이 규명하려 애써 온 하나님의 형상과 모습. 그 동안 학자들이 내놓은 제안들이 모두 옳을 수도 있고 모두 과녁을 빗나갔을 수도 있다. 그게 뭔지 알아보려는 모든 노력이 합의된 것(그런 게 존재한다면)보다 더 중요할 수도 있다. 때로는 합의보다 더 중요한 것은 그걸 규명하려는 노력이다.

환경과 생태계 문제가 긴급한 과제로 대두된 요즘 생육하고 번성하여 땅을 정복하라는 명령은 신랄한 비난에 직면해 있다. 그동안 인류가 자연을 마구 훼손해서 지구상의 모든 생명체가 공멸의 위기에 놓이는데 이 구절이 큰 역할을 했다는 것이다.

이 구절이 생태계 훼손에 얼마나 영향을 미쳤는지는 확인할 길이 없다. 지금은 이 구절을 글자 그대로 실천해서는 안 된다는 데 합의가 이루어졌지만 저자의 시대상황은 지금과 크게 달랐다. 문제는 시대상황이 달라졌음을 고려하지 않고 성서를 글자 그대로 이해하고 실천하려는 데 있다. 저자를 비난하는 것은 부당하다.

사람이 하나님의 형상과 모습대로 창조됐고 생육하고 번성하여 땅을 지배하라는 명령을 받았다는 얘기는 권한과 동시에 책임을 강조하는 걸로 읽을 수 있다. 텍스트는 고대 중동문화권에서 신들만 누리던 특권을 모든 사람이 나눠가졌다고 말한다. 이를 권한뿐 아니라 책임도 나눠지라는 뜻으로도 읽어야 하는데 인류는 책임은 망각하고 자연을 지배하고 착취하고 군림하는 데 몰두해왔다.

하나님은 사람을 그렇게 창조했고 그에게 통치권을 나눠준 걸 후회할지도 모른다는 생각을 한다. 노아 시대에 하나님이 사람의 창조를 후회했듯이 말이다(창세기 6:5-6). 오늘 우리의 숙제는 무한한 권력을 가진 인류가 세상을 건강하게 유지하는 데 그 권력을 사용할 길을 찾는 일이다. 하나님은 사람에게만 생육하고 번성하고 땅에 충만하라고 명령한 게 아니다. 모든 짐승들에게도 같은 명령을 했다(1:21, 28)는 사실을 잊지 말아야겠다.

John Bellamy Foster, *Capitalism in the Anthropocene: Ecological Ruin or Ecological Revolution* (Monthly Review Press, 2022). 이 책은 기후파괴 시대의 무서운 현실과 인류에 대한 경고를 담은 좋은 책이다.

5

인간은 지구상에서 살고 있는 수많은 생명체들 중에서 독특한 존재다. 인간의 역사는 자신이 누구인지를 탐구한 역사라는 말이 있다. 자신을 만물의 영장이라고 믿는 자의식이 위

90
눈 떠 보니 하나님이더라

험하긴 하지만 인간에게는 다른 생물들과 구별되는 특성이 있다. 자기가 끝없이 광대한 우주 속에서 하나의 작은 행성인 지구에 살고 있다는 사실을 아는 유일한 생물이 인간이다.

인간은 자신이 동물의 일종임을 알고 있다. 역설적으로 그렇기 때문에 인간은 동물이 되지 않으려고 무진 애를 쓴다. 인간은 자신을 다른 동물들과 구별해주는 요소가 '이성'라고 믿는다. 이성이 없었다면 인간을 다른 동물들과 구별하기 어려웠을 거다. 그런데 때로 인간은 이성을 어느 동물보다 더 동물적이 되는 데 사용하기도 한다. 인간에게 이성이 없었다면 제노사이드도 일어나지 않았다. 나치의 유대인 학살은 최고의 과학적 이성이 동원된 학살이었다. 동물은 결코 그런 학살을 저지르지 않으므로 이런 행위를 '동물적'으로 규정하는 것은 동물에게는 억울한 일이다.

하지만 그럼에도 불구하고 인간은 여전히 자신의 모든 행동에서 자신을 반성할 줄 아는 동물이고 지구상에서 유일하게 다른 누군가로 살면 어떨까를 상상할 줄 아는 생물이다. 이 사실이 도덕과 윤리의 원천이다. 또한 인간은 자신이 신(神)이 되면 어떨까도 상상할 수 있는 동물이다. 시각장애자가 코끼리 만지는 식일지라도 인간은 스스로에 대해서, 그리고 실재와 신에 대해서 끊임없이 질문하고 만지고 싶어 하는 동물이다.

인간이 신이 된다면 그는 세상을 어떤 눈으로 바라볼까? 자신이 전지전능해서 무슨 일이든지 할 수 있음을 알게 된다면 신이 된 인간은 어떻게 생각하고 행동할까? 세상에서 벌어지는 모든 일들에 대한 책임을 온전히 자신이 져야 함을 깨닫는다면 신이 된 인간은 어떻게 행동할까? 신이 된 인간이 세상에 대해서 뿐 아니라 자신에 대해서도 스스로가 최대의 위협임을 깨달을까? 하나님이 자기의 형상과 모습대로 만든 사람에게 세상을 다스릴 권한과 책임을 나눠준 것은 그걸 깨달았기 때문이 아닐까? 오직 왕과 제사장만이 신의 형상을 소유한다고 믿었던 문화권에서 하나님은 모든 사람들에게 그 형상을 나눠줬다고 선언한 창세기 1장의 혁명적인 신학을 오늘날 되살려 내는 게 우리의 과제일 터이다.

7장

모든 일에서 손을 떼고 안식하시다

하나님은 하늘과 땅과 그 가운데 있는 모든 것을 다 이루셨다.
하나님은 하시던 일을 엿샛날까지 다 마치시고
이렛날에는 하시던 모든 일에서 손을 떼고 쉬셨다.
이렛날에 하나님이 창조하시던 모든 일에서 손을 떼고 쉬셨으므로
하나님은 그날을 복되게 하시고 거룩하게 하셨다.

(창세기 2:1–3)

1

드디어 끝났다. 사람 창조를 마지막으로 하나님은 장엄한 창조행위를 마무리했다. '하늘과 땅과 그 가운데 있는 모든 것'을 다 이룬 날은 엿새째 되는 날이었고 이레째 되는 날 하나님은 모든 일에서 손을 떼고 쉬었다.

하나님은 혼돈과 공허와 어둠 속에 한 줄기 빛을 비춰 빛과 어둠을 나누는 일로 창조행위를 시작했다. 창공을 만들어 혼돈의 상징인 물들을 창공 위의 물들과 아래의 물들로 나눴고 창공 아래 물들을 한 곳으로 모아 바다를 만들어 뭍이 드러나

게 했다. 그리하여 땅에 온갖 풀과 나무가 자라게 했고 해와 달과 별을 창조하여 창공에 걸어두어 낮과 밤을 다스리게 했다. 바다짐승과 새들을 만들어 생육하고 번성하도록 축복했고 마지막 엿새 날에는 들짐승과 집짐승을 만들었다. 이 모든 일의 클라이맥스로 자신의 형상과 모습대로 남자와 여자를 창조함으로써 대단원의 막을 내렸다.

> 하나님은 하늘과 땅과 그 가운데 있는 모든 것을 다 이루셨다. 하나님은 하시던 일을 엿샛날까지 다 마치시고 이렛날에는 하시던 모든 일에서 손을 떼고 쉬셨다. 이렛날에 하나님이 창조하시던 모든 일에서 손을 떼고 쉬셨으므로 하나님은 그 날을 복되게 하시고 거룩하게 하셨다. 하늘과 땅을 창조하실 때의 일은 이러하였다.(2:1-4a)

하나님이 창조를 완성하고 쉰 이레째 날을 '안식일'이라고 부른다. '안식일'이란 말은 "이렛날에 하나님이 창조하시던 모든 일에서 손을 떼고 쉬셨으므로…"에서 '쉬었다'는 히브리어 동사 '샤바트'에서 비롯됐다. 이레째 날에 대한 위의 서술의 유일한 내용은 안식일이다. 안식일에 대해 논의할 주제는 세 가지다. (1) 언제부터 이레째 되는 날을 안식일로 지켰을까? (2) 안식일이 어떤 의미에서 복되고 거룩한 날인가? (3) 안식

2

이스라엘은 언제부터, 왜 이레째 되는 날을 나머지 날들과 구별해서 지켰을까? 이스라엘은 7일을 단위로 순환하는 절기를 지켰다. 레위기 23장에 열거된 안식일을 비롯한 유월절, 무교절, 초막절 등 일곱 절기에는 모두 일곱이란 숫자가 중요하다. 레위기 25장의 안식년과 희년도 마찬가지로 일곱이란 숫자가 기본이다. 이 절기들의 중심에는 7일을 주기로 하는 안식일이 있다. 이스라엘은 언제부터 7일을 주기로 하는 절기를 지켰을까?

7일 주기의 안식일이 고대 메소포타미아 문화권에서 유래됐다고 주장한 학자들이 있다. 이들은 안식일을 가리키는 히브리어 '샤바트'의 어원을 아카드어 '샤파투/샤바투 šappatu/šabbatu'로 봤다. '만월일(滿月日)인 이날은 불행이 닥치는 나쁜 날로 여겨졌다. 아카드어와 히브리어의 어원이 비슷한 것은 사실이다. 하지만 그날 행해진 관습이 크게 다르므로 둘 사이에 연관이 있다고 보기는 어렵다. 메소포타미아에서 만월일이 7일 주기였다는 증거도 없고 그날 모든 활동을 멈추고 쉬었다는 기록도 없다.

한편 메소포타미아의 '우무-렘누 ūmu-lemnu'가 7일을 주기로 한다는 점에서 안식일과 유사하다고 주장한 학자들도 있다. 하지만 만월일처럼 '우무-렘누'도 길일(吉日)이 아니라 위험하고 불길한 흉일(凶日)이었다는 점이 안식일과 다르다.

구약성서의 안식일과 메소포타미아의 만월일 사이의 관계에 대한 학계의 논의에 대해서는 다음을 참조할 수 있다. 박요한 영식, "안식일을 거룩하게 지내라―출애굽기 20:8-11; 신명기 5:12-15," 「가톨릭 신학과 사상」 33 (2000) 7-27. 안식일과 '우무-렘누'의 연관성에 대해서는 다음을 참조하라. 이긍재, "고대 이스라엘 역사 흐름 속 '안식일(=Sabbath)' 개념 변화에 대한 신학적 고찰: 'Sabbath'-망월, 축제일, 휴일, 그리고 안식일," 「구약논단」 24 (2018) 293-326.

안식일의 기원을 이스라엘 안에서 찾아야 한다고 주장하는 학자들도 있다. 다만 일곱이란 숫자가 어디서 왔는지는 아직 밝혀지지 않았다. 그 숫자가 고대중동문화권에서 오래 전부터 상징적인 의미를 갖는 숫자였을 것으로 추정할 뿐이다.

3

하나님은 이레째 날을 '복되게' 했다(2:3). 그날을 복 받을 대상으로 삼아 복을 베풀었다는 뜻이다. 복을 베푸는 일은 하나님의 일이다. 하나님은 누군가에게 복을 베풀어 그를 복되게 한다. 짐승들에게 복을 베풀어 그들이 생육하고 번성하여 충만하게 했으며 남자와 여자에게도 생육하고 번성하여 땅에 충만하며 땅을 정복하도록 복을 베풀었다. 누군가를 복되게 하는 하나님의 일을 중재하는 직책은 제사장에게 맡겨졌다. 민수기에 전해지는 제사장의 축복이 그것이다.

주님께서 모세에게 말씀하셨다. "너는 아론과 그 아들들에게 말하여라. 그들이 이스라엘 자손에게 복을 빌 때에는 다음과 같이 빌라고 하여라. '주님께서 당신들에게 복을 주시고 당신들을 지켜 주시며 주님께서 당신들을 밝은 얼굴로 대하시고 당신들에게 은혜를 베푸시며 주님께서 당신들을 고이 보시어서 당신들에게 평화를 주시기를 빕니다.' 그들이 나의 이름으로 이스라엘 자손에게 이렇게 축복하면 내가 친히 이스라엘 자손에게 복을 주겠다."(민수기 6:22-26)

멜기세덱도 살렘의 제사장 자격으로 아브람을 위해 복을 빌어주었고 시편 시인은 야훼가 자신을 경외하는 자들에게 복을 베푼다고 노래했다.

그때에 살렘 왕 멜기세덱은 빵과 포도주를 가지고 나왔다. 그는 가장 높으신 하나님의 제사장이다. 그는 아브람에게 복을 빌어 주었다. "천지의 주재, 가장 높으신 하나님, 아브람에게 복을 내려 주십시오."(창세기 14:18-19)

주님을 경외하는 사람들아, 주님을 의지하여라. 주님은 도움이 되어 주시고 방패가 되어 주신다. 주님께서 우리를 기억하여 주셔서 복을 주시고 이스라엘 집에도 복을 주시며 아론의 집에도 복을 주신다. 주님을 경외하는 사람에게 복을 주시니 낮은 사람, 높은 사람 구별하지 않고 복을 주신다. 주님께서 너희를 번창하게 하여 주시고 너희의 자손을 번창하게 하여 주시기를 바란다. 너희는 하늘과 땅을 지으신 주님에게서 복을 받은 사람이다.(시편 115:11-15)

하나님이 생명체가 아닌 특정한 '날'(day)을 복되게 했다는 서술은 매우 낯설다. '날'은 생명체가 아니니 생육하고 번성할 리 없다. 하나님은 왜 날을 복되게 했을까? 날은 하나님에게 복을 받아 어떻게 될까? 학자들은 오랫동안 이 문제를 갖고 씨름했다. 구약성서에 특정한 날을 복되게 했다는 표현이 드물기 때문에 그 뜻을 밝히기가 어려웠다. 어떤 학자는 안식일을 '지키는 사람'을 복되게 한다는 뜻으로 해석했다. '날'을 복되게 한다는 말이 아무래도 어색하니 복 받을 대상은 그날을 지키는 사람일 수밖에 없다는 거다. 하지만 텍스트는 분명히 사람이 아니라 '날'을 복되게 했다고 서술한다. 안식일 지키는 사람을 복 받을 대상으로 읽는 것은 자의적이다.

하나님이 이레째 날을 복되게 했다는 서술을 욥이 자기가 태어난 '날'을 저주했다는 이야기(욥기 3장)와 비교해서 해석하는 학자도 있다.

> 드디어 욥이 말문을 열고 자기 생일을 저주하면서 울부짖었다. 내가 태어나던 날이 차라리 사라져 버렸더라면, '남자아이를 배었다.'고 좋아하던 그 밤도 망해 버렸더라면, 그날이 어둠에 덮여서 높은 곳에 계신 하나님께서도 그날을 기억하지 못하셨더라면 아예 그날이 밝지도 않았더라면…
>
> (욥기 3:1-4)

욥은 자기가 태어난 '날'을 저주했다. 현재 겪는 고통이 막중하기 때문이다. 그래서 차라리 태어나지 않았더라면 좋았을 거라고 탄식한 것이다. 그가 태어난 '날'을 '저주'했던 것은 자기가 처한 열악한 상황에 대한 수사적 표현이다. 마찬가지로 하나님이 이레 째 '날'을 '축복'했다는 말도 그날 하나님과 사람이 누리는 안식에 대한 수사적 표현이라는 것이다. 곧 욥의 저주가 구체적인 실체를 가리키는 말이 아니고 수사적인 표

현이듯이 복도 그렇다는 얘기다. 그럴듯한 해석이지만 안식일
에 대한 설명과 그와 관련된 다양한 계명을 감안하면 이를 수
사적 표현이라고만 보기는 어렵다.

4

하나님은 그날을 복되게 하시고 거룩하게 하셨다. (2:3b)

하나님은 이레째 되는 날을 '거룩하게 했다'(consecrate/
sanctify). '거룩함'은 하나님의 성품 가운데 하나다. 하나님은
거룩한 분이고 거룩함의 근원이다. 하나님이 거룩하니 이스라
엘도 거룩해야 한다고 했다.

주님께서 모세에게 말씀하셨다. "이스라엘 자손 온 회중에게
말하여라. 너는 그들에게 이렇게 일러라. 너희의 하나님인 나
주가 거룩하니 너희도 거룩해야 한다."(레위기 19:1-2)

하나님에게서 비롯된 거룩함이 시간의 영역으로 흘러나와
서 안식일이 거룩한 날이 됐고 사람에게로 흘러나와서는 이
스라엘이 거룩한 백성이 됐다. 특정한 사람/사물/시간을 거룩
하게 한다는 말은 일상의 일부였던 그것들이 일상에서 구별

되어 하나님에게 속하게 됨을 의미한다.

하나님이 현존하는 곳은 거룩한 곳이다. 모세가 불꽃이 이는 떨기에 다가갔을 때 "이리로 가까이 오지 말아라. 네가 서 있는 곳은 거룩한 땅이니 너는 신을 벗어라."(출애굽기 3:2-5)라는 하나님의 음성을 들었다. 하나님이 있는 곳이 거룩한 곳이다. 성전이 거룩한 곳이고 제의에 사용되는 기물이 거룩한 물건인 것도 성전은 하나님이 거주하는 집이고 성전기물은 하나님을 위해 사용되는 물건인 까닭이다.

그런데 구약성서는 거룩함의 관념이 공간에서 시간으로, 자연의 영역에서 역사의 영역으로, 물건에서 사건으로 옮겨갔음을 보여준다. 자연의 영역에 속한 공간이나 물건이 거룩해지려면 사람의 의식적인 축성(祝聖) 행위에 의해 구별되어야 했지만 시간과 사건은 그럴 필요가 없었다. 안식일이라는 시간은 하나님이 직접 거룩하게 했으므로 사람의 축성 행위가 필요치 않았다.

안식과 안식일에 관한 고전적 작품은 역시 아브라함 헤셸의 저서다. 안식일은 시간의 궁전이며 시간이 드러내는 거룩함이다. 아브라함 헤셸 (김순현 역) 《안식》(복있는사람, 2007)

5

하나님은 이렛날에 "모든 일에서 손을 떼고 쉬셨다." '쉬었다'로 번역된 히브리어 '샤바트'는 '그만두다' '중단하다' '쉬다'는 뜻이다. 비슷한 것 같지만 뉘앙스가 다르다. '그만두다'는 하던 행위를 종료한다는 뜻이고 '중단하다'와 '쉬다'는 나중에 재개할 요량으로 잠시 하지 않는다는 뜻이다. '쉬다'에는 휴식의 의미가 들어있다. '샤바트'가 이 중에 어느 쪽을 의미한다고 보느냐에 따라 창조행위 전체가 달리 해석된다. '샤바트'가 창조행위를 종료했다는 뜻이라면 창조가 완성됐으므로 이렛날에 영원히 쉬었다는 뜻이다. 일시적으로 중단했다는 뜻이라면 이레째 날 이후에 창조행위를 재개한다는 뜻이다. '계속적인 창조'(*creatio continua*) 신학이 여기서 나왔다.

안식일은 말 그대로 안식하는 날, 쉬는 날이다. 안식일은 일하는 날이 아니다. 일해서는 안 되는 날이다. 이를 잘 보여주는 구절이 레위기에 있다.

> 엿새 동안은 일을 하여라. 그러나 이렛날은 반드시 쉬어야 하는 안식일이다. 거룩한 모임을 열어야 하고 어떤 일도 해서는 안 된다. 이날은 너희가 살고 있는 모든 곳에서 지킬 주의 안식일이다.(레위기 23:3)

눈 떠 보니 하나님이더라

그날 유일하게 허락된 일은 거룩한 모임을 갖는 일이다. 왜 그날에는 어떤 일도 하지 않고 반드시 쉬어야 하는지는 두 가지 이유로 설명된다.

안식일을 기억하여 그날을 거룩하게 지켜라. 너희는 엿새 동안 모든 일을 힘써 하여라. 그러나 이렛날은 주 너희 하나님의 안식일이니 너희는 어떤 일도 해서는 안 된다. 너희나 너희의 아들이나 딸이나 너희의 남종이나 여종만이 아니라 너희 집짐승이나 너희의 집에 머무르는 나그네라도 일을 해서는 안 된다. 내가 엿새 동안 하늘과 땅과 바다와 그 안에 있는 모든 것을 만들고 이렛날에는 쉬었기 때문이다. 그러므로 나 주가 안식일을 복 주고 그날을 거룩하게 하였다.(출애굽기 20:8-11)

출애굽기는 안식일에 그 누구도 일을 해서는 안 되는 이유가 '내(하나님)가 엿새 동안 하늘과 땅과 바다와 그 안에 있는 모든 것을 만들고 이렛날에는 쉬었기 때문'이라고 했다. 흔히 이것을 두고 안식일을 천지창조와 연결했다고 말하는데 더 정확하게는 안식일을 천지창조 후에 쉬었다는 사실과 연결했다고 해야 한다. 방점이 '쉬었다'는 데 있다는 말이다. 하나님이 그 날 쉬었으니 같은 날에 사람도 쉬라는 거다.

너희는 안식일을 거룩하게 지켜라. 이것은 주 너희의 하나님이 너희에게 명한 것이다. 너희는 엿새 동안 모든 일을 힘써 하여라. 그러나 이렛날은 주 너희 하나님의 안식일이니 너희는 어떤 일도 해서는 안 된다. 너나 너의 아들이나 딸이나 너희의 남종이나 여종뿐만 아니라 너희의 소나 나귀나 그밖에 모든 집짐승이나 너희의 집안에 머무르는 식객이라도 일을 해서는 안 된다. 너희의 남종이나 여종도 너와 똑같이 쉬게 하여야 한다. 너희는 기억하여라. 너희가 이집트 땅에서 종살이를 하고 있을 때에 주 너희의 하나님이 강한 손과 편 팔로 너희를 거기에서 이끌어 내었으므로 주 너희의 하나님이 너에게 안식일을 지키라고 명한다.(신명기 5:12-15)

같은 안식일 규정인데 차이가 있다. 신명기는 아들딸, 남종과 여종, 짐승들과 식객까지 모두 안식일에는 일하지 말고 쉬게 하라고 말한 다음에 이집트에서 종살이 할 때 하나님이 그들을 해방시켜줬으니 그 역사적 사실을 기억하고 안식일을 지키라고 말한다.

안식일에 관한 두 가지 규정이 어떤 역사적 과정을 거쳤는지는 이렇게 추정할 수 있다. 안식일은 본래 인권의 일환으로 노동으로부터의 쉼을 의미했는데 훗날 종교적인 성격이 더해지면서 창조와 연결되어 '하나님의 거룩한 날'로 지켜졌다. 출애굽기와 신명기는 공통적으로 안식일을 '하나님의 안식일'로 규정한다. 우리말 성경은 '하나님의 안식일'이라고 번역하여 속격을 썼지만 히브리어로는 '하나님에 대한 안식일' 또는 '하나님을 위한 안식일'로 되어 있다. 안식일 제정 이유가 창조든 해방이든 모두 하나님에 대한 날이고 하나님을 위한 날이란 거다.

고대 중동문화권의 창조신화들에서도 '쉼/안식'(rest)은 중요한 주제다. '에누마 엘리시'에서 마르둑은 하위 신들이 자기들에게 부과된 고된 노동에서 해방되어 쉴 수 있도록 인간을 창조하자고 제안하자 이에 동의한다. 인간은 신들을 쉬게 하려고 창조됐다는 거다. 신들의 '쉼/안식'이 인간 창조의 이유요 목적인 셈이다.

반면 구약성서에서 하나님의 쉼/안식과 인간의 그것은 상반되지 않고 나란히 같이 간다. 하나님이 쉬려고 인간이 창조된 것이 아니다. 안식일에 하나님과 인간은 같이 안식한다. 사람은 하나님의 동반자이자 조력자로서 하나님의 위임을 받아 창조세계를 관리한다. 이 점에서 구약성서의 인간 창조와 안식은 고대 중동문화권의 그것과 다르다.

한편 예수는 사람이 안식일을 위해 있는 게 아니라 안식일이 사람을 위해 있다고 말했다(마가복음 2:27). 여기에는 안식일에 대해서 지킬 수도 없는 세세한 규정들을 만들어서 사람을 옭죄는 당시 유대교 권력자들에 대한 비판이 담겨있다. 오해의 소지도 있다. 예수에게 안식일은 하나님과 사람이 대립하는 영역이 아니다. 사람이 안식일을 위해 있는 게 아니라 안식일이 사람을 위해 있고 안식일과 사람은 모두 하나님을 위해 있다.

눈 떠 보니 하나님이더라

사람을 '또' 창조하다

주 하나님이 땅의 흙으로 사람을 지으시고
그의 코에 생명의 기운을 불어넣으시니
사람이 생명체가 되었다.
(창세기 2:7)

1

창세기 2장은 이렇게 시작한다.

하나님은 하늘과 땅과 그 가운데 있는 모든 것을 다 이루셨다. 하나님은 하시던 일을 엿샛날까지 다 마치시고 이렛날에는 하시던 모든 일에서 손을 떼고 쉬셨다. 이렛날에 하나님이 창조하시던 모든 일에서 손을 떼고 쉬셨으므로 하나님은 그 날을 복되게 하시고 거룩하게 하셨다. 하늘과 땅을 창조하실 때의 일은 이러하였다.(창세기 2:1-4a)

적절한 마무리다. 누가 봐도 하나님의 창조행위가 여기서 끝났다고 생각할 거다. 4a절이 앞의 이야기의 결말인지 이어지는 이야기의 서두인지가 약간 애매하지만 전자로 보아 문제가 없다. 4a절에서 1장이 끝나고 4b절부터 2장이 시작됐다면 헷갈리지 않았겠지만 구약성서의 장절 구분이 16세기에 와서야 이루어졌으니 저자를 탓할 일은 아니다.

> 주 하나님이 땅과 하늘을 만드실 때에 주 하나님이 땅 위에 비를 내리지 않으셨고 땅을 갈 사람도 아직 없었으므로 땅에는 나무가 없고 들에는 풀 한 포기도 아직 돋아나지 않았다.(2:4b-5)

문제는 4b절이다. 4b절이 "주 하나님이 땅과 하늘을 만드실 때에"라는 말로 시작하니 독자는 헷갈릴 수밖에 없다. 바로 앞에서 창조가 끝났다고 했는데 '땅과 하늘을 만드실 때'라며 새로운 창조 이야기를 시작하니 말이다. 1장 1절 및 2장 1절의 '하늘과 땅'과 2장 4b절의 '땅과 하늘'이 다른 세상인가? '하늘과 땅'이 순서가 바뀌어 '땅과 하늘'이 된 특별한 이유가 있을까? 잘 읽어보면 하늘과 땅의 순서만 바뀐 게 아니다. 많은 점이 다르다. 창조 이전의 상황부터 창조의 순서와 창조된 것들 등 모든 게 다르다. 사람의 창조는 전혀 다르게 말한다.

눈 떠 보니 하나님이더라

같은 사람이 창조된 게 아니란 생각이 들 정도다.

1장에서는 하나님이 창조행위를 시작했던 '한 처음'에 "땅이 혼돈하고 공허하며 어둠이 깊음 위에 있고 하나님의 영은 물 위에 움직이고 있었다."고 했는데 여기서는 비가 내리지 않았고 땅을 갈 사람이 없어서 땅에는 나무도 풀도 돋아나지 않았다고 했다. 그려지는 그림이 완전히 다르다. 1장이 잔잔한 바다라면 2장은 메마른 사막이다. 두 이야기의 가장 큰 차이는 사람의 창조에 있다. 땅을 갈 사람이 없어서 세상이 메마르고 황량해서,

> 주 하나님이 땅의 흙으로 사람을 지으시고 그의 코에 생명의 기운을 불어넣으시니 사람이 생명체가 되었다.(7절)

첫 피조물이 사람이다. 땅은 사람 창조 이전에도 있었다는데 그것이 하나님의 피조물인지 아닌지는 알 수 없다. 하나님이 땅을 만들었다는 말은 없으니까. 사람이 동물들과 나무와 식물들보다 먼저 창조됐다(9절, 19절 참조). 해, 달, 별 등의 창조 얘기는 아예 없다. 그런 것들은 저자의 관심 대상이 아니었나 보다.

서로 다른 두 개의 창조이야기의 문제를 본격적으로 해결하려 했던 시기는 18세기였다. 그 결과로 '문서가설'(documentary hypothesis)이란 게 나왔는데 그 내용은 이제는 널리 알려졌고 인터넷 등에서 쉽게 찾을 수도 있으니 설명은 생략한다. 창세기 1장 1절부터 2장 4a절까지는 제사장 계열의 문서(P문서)에 속하고 2장 4b절부터 3장 마지막 절까지는 야휘스트 계열의 문서(J문서)에 속한다는 점만 기억하면 되겠다.

2

사람이 '또' 창조됐다. 1장에서 하나님의 형상을 따라서 하나님의 모습대로 남자와 여자로 창조되어 생육하고 번성하여 땅에 충만하고 땅을 정복하며 모든 생물을 다스리라고 명령받았던 사람이 2장에서 또 다시 창조됐다. 그것도 1장과는 완전히 다른 방식으로 말이다. 여기에는 하나님의 형상이니 모양이니 하는 말이 없다. 생육하고 번성하고 땅을 정복하라는 명령도 없다. 여자는 남자와 동시에 창조되지 않고 나중에 따로 창조됐다. 그뿐인가, 하나님도 전혀 다르게 묘사된다. 1장과 2장의 사람이 동일 인물인지도 의심스럽고 하나님이 동일한 신인지 의문이 든다. 그만큼 다르다.

사람의 창조를 묘사하는 단어의 의미부터 살펴보자. 여기서 하나님은 '주 하나님'(히브리어로 '야훼 엘로힘')으로 불린다. '하나님'(엘로힘)으로만 부르는 1장과 다르다. '야훼'라는 이름을 덧붙인 게 대수롭지 않아 보이지만 그건 그렇지 않다. '엘로힘'

눈 떠 보니 하나님이더라

은 '하나님'을 가리키는 보통명사이고 '야훼'는 특정한 신을 지칭하는 고유명사다. 훗날 모세를 통해 이스라엘에게 자신을 드러내고(출애굽기 3장) 그들과 언약을 맺은(출애굽기 20장) 바로 그 신이 야훼다. 신을 부르는 이름이 다르다는 점은 두 이야기의 성격이 다름을 암시한다(하지만 필자는 특별한 경우를 제외하면 '야훼 엘로힘'도 '하나님'으로 통일하겠다).

하나님이 '땅의 흙'으로 사람을 지었다. '흙'으로 번역된 히브리어 '아파르'는 '진흙'이다. 대부분의 우리말 성서는 '흙'으로 번역했는데《공동번역성서》는 '진흙'으로 번역했다. 6절에서 "땅에서 물이 솟아서 온 땅을 적셨다."라고 했으니 '아파르'를 진흙이라고 번역하는 게 더 나은 선택으로 보인다. 영어성서는 대개 'dust'로 번역했다. 7절이 일관되게 '사람'으로 번역한 단어의 히브리어는 정관사가 붙은 '하 아담'이므로 이는 '한 개인'이 아니라 일반적인 '사람'을 가리킨다고 봐야 한다. '하 아담'은 사실상 사람의 대표자로서 '아담'이지만 텍스트는 대개의 경우 그를 개인처럼 묘사한다.

그렇게 빚어져 사람 모양을 갖춘 진흙덩어리의 코에 하나님이 '생명의 기운'(히브리어로 '니슈마트 하임')을 불어넣으니 그게 '생명체'(히브리어로 '네페쉬 하야')가 됐다. '생명의 기운'은 직역하면 '생명의 숨'(breath of life)이다. 우리말 성경은 '생명의 기운' '생기' '입김' 등으로 번역했고 영어성서는 'breath of life'로 번역했다. '네페쉬'는 '목구멍'(throat)을 가리키는데 문맥에 따라서 '영혼' '생명체' '자아' '인격' '욕망' '감정' 등의 의미도 갖는다. 《개역성경》은 이곳 이외에도 시편 23편 3절, 103편 1절, 104편 1절 등에서 '네페쉬 하야'를 일관되게 '영혼'이라고 번역했다. '생명체'라는 번역은 '영혼'이란 번역이 초래할 수 있는 영육이원론의 오해를 차단하는 장점을 갖고 있다. 《공동번역성서》는 "사람이 되어 숨을 쉬었다."라고 번역했다. 무슨 의도로 이렇게 번역했는지는 알 수 없다. 좌우간 진흙덩어리에 하나님이 생명의 숨을 불어넣음으로써 그것을 '생명체'로 만들었다.

'짓다'(히브리어로 '야짜르')라는 동사는 대표적으로 옹기장이가 옹기 만드는 것을 표현할 때 사용하는 동사로서 명사형은 옹기장이를 가리킨다. 예를 들면, "진흙으로 옹기를 만드는 사람과 옹기장이가 주무르는 진흙을 어찌 같이 생각할 수 있느냐?"(이사야 29:16)가 그렇다. 또한 "질그릇 가운데서도 작은 한 조각에 지나지 않으면서 자기를 지은 이와 다투는 자에게는 화가 닥칠 것이다. 진흙이 토기장이에게 '너는 도대체 무엇을 만들고 있는 거냐?' 하고 말할 수 있겠으며 네가 만든 것이 너에게 '그에게는 손이 있으나마나다!' 하고 말할 수 있겠느냐?"(이사야 45:9)도 마찬가지다.

주 하나님이 들의 모든 짐승과 공중의 모든 새를 흙으로 빚어서 만드시고 그 사람에게로 이끌고 오셔서 그 사람이 그것들을 무엇이라고 하는지를 보셨다. 그 사람이 살아있는 동물 하나하나를 이르는 것이 그대로 동물들의 이름이 되었다.(2:19)

사람이 동물들에게 이름을 지어주는 장면이다. '살아있는 동물'은 히브리어로 '네페쉬 하야'다. 7절의 '생명체'와 똑같은 말이다. 사람과 동물이 똑같이 '네페쉬 하야'로 불린 셈이다. 사람은 하나님이 진흙덩어리의 코에 불어넣은 '생명의 숨' 때문에 동물들과 구별된다. 동물들도 사람처럼 흙으로 만들어졌지만 하나님이 그들 코에 생명의 숨을 불어넣지는 않았다. 이러니 '생명의 숨'이 뭔지 궁금하지 않을 수 없다.

다양한 대답이 제시됐다. 구약성서의 아람어 번역인 '타르굼'은 흥미로운 해석을 내놨다. 사람의 코에 하나님이 불어넣은 '생명의 숨'(니슈마트 하임)에서 '숨'을 가리키는 '느샤마'의 동사형은 '나샴'인데 거기는 '신음하다'(groan)의 뜻이 있다. 이사야 42장 14절에서 그렇게 사용됐다.

내가 오랫동안 조용히 침묵을 지키며 참았으나 이제는 내가 숨이 차서 헐떡이는(pant) 해산하는 여인과 같이 부르짖겠다.

타르굼은 '생명의 숨' 덕분에 사람은 헐떡일 수 있다고, 곧 말할 수 있다고 봤다. 그래서 동물과 구별된다는 거다. 좀 억지스러운 해석이라 할 수 있다. '생명의 숨' 덕분에 사람이 말하게 됐다면 그것을 코가 아니라 입에 불어넣었어야 하지 않겠나 싶다.

한편 구약성서에는 '숨'을 '생명'과 연결시키는 구절들이 있다. 숨이 끊어지면 생명을 잃게 되니 그럴 듯하다.

나는 또 마음속으로 생각하였다. "하나님은 사람이 짐승과 마찬가지라는 것을 깨닫게 하시려고 사람을 시험하신다. 사람에게 닥치는 운명이나 짐승에게 닥치는 운명이 같다. 같은 운명이 둘 다를 기다리고 있다. 하나가 죽듯이 다른 하나도 죽는다. 둘 다 숨(루아흐)을 쉬지 않고는 못 사니 사람이라고 해서 짐승보다 나을 것이 무엇이냐? 모든 것이 헛되다. 둘 다 같은 곳으로 간다. 모두 흙에서 나와서 흙으로 돌아간다.(전도서 3:18-20)

'숨'이 아니라 '피'(blood)에 생명이 있다고 말하는 구절도 있다.

주님께서 말씀하셨다. "네가 무슨 일을 저질렀느냐? 너의 아우의 피가 땅에서 나에게 울부짖는다."(창세기 4:10)

그러나 고기를 먹을 때에 피가 있는 채로 먹지는 말아라. 피에는 생명이 있다.(창세기 9:4)

이스라엘 집안에 속한 사람이나 또는 그들과 함께 사는 외국 사람이 어떤 피든지 피를 먹으면 나 주는 그 피를 먹은 사람을 그대로 두지 않겠다. 나는 그를 백성에게서 끊어버리고야 말겠다. 생물의 생명이 바로 그 피 속에 있기 때문이다. 피는 너희 자신의 죄를 속하는 제물로 삼아 제단에 바치라고, 너희에게 준 것이다. 피가 바로 생명을 지니고 있기 때문에 죄를 속하는 것이다.(레위기 17:10-11)

구약성서는 숨과 피 중에서 하나를 택해서 배타적으로 생명과 연결하지는 않는다. 죽은 사람은 숨을 쉬지 않고 피를 많이 흘리면 죽는 걸 경험으로 알기 때문이다. 경험에 앞서는 추측은 없고 실험을 이기는 가설도 없다. 생명과 죽음에 관한 어떤 추측과 성찰도 일상의 경험보다 앞서지 않는다. 저자는 하나님이 사람의 코에 불어넣어준 '숨' 덕분에 사람은 숨을 쉬게 됐고 그 숨 덕분에 생명을 유지한다고 말한다. '피'에 대한 언급은 없다.

4

사람은 하나님이 진흙으로 빚은 덩어리와 생명의 숨이 결
합된 생명체다. 몸과 숨은 어떤 관계일까? 둘은 화학적으로
결합된 상태일까, 아니면 물과 기름처럼 섞이지 않고 따로 존
재할까? 전도서는 사람이 죽으면 숨과 몸이 분리된다고 봤다.

> (죽으면) 사람의 영(루아흐)은 위로 올라가고 짐승의 영(루아흐)
> 은 아래 땅으로 내려간다고 하지만 누가 그것을 알겠는가?(전
> 도서 3:21)

사람이나 짐승이나 죽으면 숨/영은 몸에서 분리된다. 혹자
는 사람의 숨은 위로(하나님에게) 올라가고 짐승의 숨은 아래로
(스올로) 내려간다고 말하지만 그걸 누가 알겠냐는 거다. 사람
이나 짐승이나 죽으면 몸과 숨이 분리되지만 사람의 숨과 짐
승의 숨이 다른 데로 간다고 확인할 수 없다는 거다. 하지만
같은 전도서에 이런 말도 있다.

> 육체가 원래 왔던 흙으로 돌아가고 숨(루아흐)이 그것을 주신
> 하나님께로 돌아가기 전에 네 창조주를 기억하여라.(전도서

눈 떠 보니 하나님이더라

12:7)

인용한 두 구절을 같은 사람이 썼는지 의심스럽다. 앞에서는 죽으면 사람의 숨이 하늘로 올라간다고 누가 장담하겠냐 하더니 여기서는 명확하게 하나님에게로 돌아간다고 말한다. 전도서는 전체적으로 비관적이고 불가지론적인 성향이 강하다. 그래서 정경에 포함할지 여부를 두고 논쟁이 벌어지기도 했다. 지나치게 비관적이고 염세적이라는 비판을 피하기 위해서인지 뒤로 가면서 덜 비관적이고 덜 염세적인 성향으로 바뀐다. 긍정적이고 낙관적인 얘기까지 나온다. 두 구절의 성격이 다름은 그래서라고 보인다. 어쨌든 두 구절 모두에서 몸과 숨은 화학적으로 결합되어 있다고 보기는 어렵다. 그런데 인용한 구절들은 모두 죽을 때 얘기다. 살아있는 동안 몸과 숨이 어떻게 연결되어 있는지에 대한 얘기가 아니다. 이 점을 염두에 둬야 한다.

이 구절들은 몸과 숨 중에서 어느 편이 더 중요하다거나 우위를 차지한다고 말하지 않는다. 창세기 2장의 창조이야기도 마찬가지다. 진흙덩어리에서 비롯된 사람의 몸과 하나님의 숨 중에서 어느 편이 더 가치 있다고 말하지 않는다. 현대인은 당연히 몸보다는 숨, 곧 영이 더 중요하다고 생각하지만 그건 현대인의 선입견일 따름이다. 하나님은 진흙으로 빚은 덩어리

8장 사람을 '또' 창조하다

에 '생명의 숨'을 불어넣어 그것을 '생명체'로 변형시켰으므로 (transforming) 몸과 숨은 따로 떨어져 있지 않고 하나로 결합되어 있다. 고대인들은 살아있는 동안 둘은 하나님의 '생명체'로서 뗄 수 없이 결합된 상태로 있다가 죽으면 분리되어 숨은 하나님에게로 돌아가고 몸은 흙으로 돌아간다고 믿었다. 시편과 욥기에도 이런 생각이 드러나 있다.

이 모든 피조물이 주님만 바라보며 때를 따라서 먹이 주시기를 기다립니다. 주님께서 그들에게 먹이를 주시면 그들은 받아먹고 주님께서 손을 펴 먹을 것을 주시면 그들은 만족해합니다. 그러나 주님께서 얼굴을 숨기시면 그들은 떨면서 두려워하고 주님께서 호흡(루아흐)을 거두어들이시면 그들은 죽어서 본래의 흙(아파르)으로 돌아갑니다. 주님께서 주님의 영(루아흐)을 불어넣으시면 그들이 다시 창조됩니다. 주님께서는 땅의 모습을 다시 새롭게 하십니다.(시편 104:27-30)

만일 그(하나님)가 당신의 숨(루아흐)을 스스로에게 거두어 가시고 그의 숨(느샤마)을 스스로에게 모아들이신다면 모든 육체(바사르)는 일시에 죽고 모든 사람은 먼지(아파르)로 돌아갑니다.(욥기 34:14-15, 사역)

눈 떠 보니 하나님이더라

숨은 몸에 비해서 우월한 지위를 갖고 있지 않다. 숨/영은 거룩하고 육은 보잘 것 없다는 가치판단은 훗날 그리스 사상의 영향을 받아 생겨났다. 육체는 무가치하고 해로운 반면 영혼은 하나님의 선물로서 영생한다는 생각으로 2장의 창조이야기를 해석한 것은 그리스 사상의 영향 때문이다. 그리스의 '영육이원론'이 시간을 거슬러 올라가 창조 이야기를 그렇게 해석하게 만든 것이다.

영육이원론은 상호보완적(complementary)이던 육체와 숨/영의 관계를 대립적(contradictory)인 관계로 만들었다. 숨은 육체와 보완관계에 있다고 여겨졌다. 숨은 진흙덩어리를 생명체로 만들었다. 진흙덩어리였던 몸은 숨 덕분에 생명체가 됐다. 진흙덩어리만으로는 생명체가 되지 못한다. 숨/영도 마찬가지다. 숨/영만으로는 생명체가 될 수 없다. 몸과 숨이 만나야 비로소 생명체가 될 수 있다. 사람의 숨은 살아있는 동안 몸과 뗄 수 없이 하나로 결합해 있다가 죽으면 몸에서 분리되어 근원인 하나님에게 돌아간다. 몸은 숨/영의 감옥이 아니었는데 그리스사상 때문에 둘의 관계는 적대적이 됐고 몸은 숨/영의 감옥이 됐다.

영육이원론은 특정한 문화적 상황의 산물이다. 어떤 사상이든 적절한 조건이 갖춰졌을 때 비로소 발현되고 꽃피운다. 영육이원론이 성서 해석에 영향을 미친 것은 그럴만한 조건이

8장 사람을 '또' 창조하다

만들어졌기 때문이다. 그리스사상의 영향을 받은 사람들이 그 틀로 과거 사건과 글을 새롭게 해석했다. 몸과 숨의 관계를 보완적으로 보는 게 옳은지 대립적으로 보는 게 옳은지 따지자는 게 아니다. 그걸 따지는 것은 어리석은 일이다. 다만 어떤 문화적 상황에서 둘의 관계를 해석했는지를 이해하면 된다. 어느 편이 옳고 어느 편이 그른지 판단할 일은 아니다.

창세기 2장 7절, 특히 몸과 숨/영이 서로 대립하는 관계가 아니라 보완하는 관계에 있음을 잘 보여주는 논문으로 다음을 들 수 있다. Ed Noort, "Taken from Soil, Gifted with the Breath of Life: The Anthropology of Gen 2:7 in Context," in Ruiten, J.T.A.G.M van and Kooten, George van eds. *Dust of the Ground and Breath of Life* (Gen 2:7)-*The Problem of a Dualistic Anthropology in Early Judaism and Christianity* (Brill, 2016) 1-15.

내 뼈, 내 살을 눈앞에서 보다!

이제야 나타났구나, 이 사람!
뼈도 나의 뼈, 살도 나의 살,
남자에게서 나왔으니 여자라고 부를 것이다.
(창세기 2:23)

1

주 하나님이 동쪽에 있는 에덴에 동산을 일구시고 지으신 사
람을 거기에 두셨다. 주 하나님은 보기에 아름답고 먹기에 좋
은 열매를 맺는 온갖 나무를 땅에서 자라게 하시고 동산 한
가운데는 생명나무와 선과 악을 알게 하는 나무를 자라게 하
셨다.(2:8-9)

이렇게 만들어진 사람을 하나님은 동쪽의 '에덴'이란 곳에
동산을 일구어 거기에 두었고 에덴동산에는 '보기에 아름답고

먹기에 좋은 열매를 맺는 온갖 나무'를 자라게 했다. 이 표현에 중요한 의미가 있음은 나중에 드러난다. 그 많은 동산의 나무들 가운데 두 그루가 특정됐다. '동산 한 가운데' 있는 생명나무와 선과 악을 알게 하는 나무가 그것이다. 전자에는 '생명나무'라는 이름이 있고 후자에는 이름이 없다. 대신 '선과 악을 알게 하는 나무'라는 설명이 붙어 있다. 전자는 세간에 널리 알려졌지만 후자는 이름이 없는 걸 보니 그렇지 않았던 모양이다. 하지만 에덴동산 이야기에서는 후자가 더 중요하다.

생명과 지식은 고대 중동문화권에서 신들만 갖는 특성이었다. 신들만 갖는 성품으로서 자주 한 쌍으로 묶여 언급된다. 사람이 생명과 지식을 누리는 것은 신들이 그것들을 사람에게 부여했기 때문이다. 생명과 지식은 사람 손이 닿지 않은 신들의 영역에 속한 가치였다.

고대 중동문화권에서 생명나무는 자주 등장하지만 지식의 나무는 유례가 없다. 지식을 주는 나무 열매(선악과)는 에덴동산 이야기에 유일하게 등장한다. 생명은 특정 나무열매를 먹어서 얻을 수 있지만 지식은 그런 식으로는 얻을 수 없다고 여겼던 모양이다.

그런데 에덴동산 이야기에는 생명나무와 지식의 나무가 사람 손이 닿는 곳에 있었다. 하나님이 사람에게 돌보고 가꾸라고 위임한 에덴동산의 한 가운데 그 나무들이 있었다. 고대 중동 신화들과는 달리 생명과 지식은 사람 손닿는 곳에 있었던 거다. 사람이 맘만 먹으면 가질 수 있었다. 신들만의 특권이 아니었다. 이 점이 주변문화권에는 없는 에덴동산 이야기의 특징이다.

저자는 에덴동산 주위를 흐르는 네 줄기의 강을 소개한 다음 주 하나님이 아담에게 이렇게 말했다고 전한다.

주 하나님이 사람에게 명하셨다. "동산에 있는 모든 나무의 열매는 네가 먹고 싶은 대로 먹어라. 그러나 선과 악을 알게 하는 나무의 열매만은 먹어서는 안 된다. 그것을 먹는 날에는 너는 반드시 죽는다."(2:16b-17)

고대인이라면 생명나무 열매를 금하지 않았다는 점에 놀랐을 거다. 선악과를 먹지 말라는 말만 있지 생명나무 열매를 먹지 말라는 말은 없다. 생명나무 열매는 먹어도 된다는 말인가? 먹으면 죽지 않고 영원히 살 수 있다는 그 열매는 먹을 수 있다는 뜻인가? 고대인은 상상할 수 없는 얘기다. 손이 닿지 않는다고 믿었던 것이 바로 눈앞에 있고 아무 때나 먹을 수 있다고 하니 말이다.

고대인을 헛갈리게 만들었던 또 다른 사실은 선악과를 먹는 날 반드시 죽는다는 얘기였다. 사람이 죽는 이유는 생명나무 열매가 허락되지 않았기 때문이다. 사람이 죽는 것은 자연스런 일이었다. 물론 잘못을 저지르거나 실수로 제 명대로 못 살고 죽을 수는 있지만 자연적인 죽음은 생명나무 열매가 허락되지 않았기 때문이다. 그런데 하나님은 선악과를 따먹으면 죽는다고 했다. 따먹는 '그날 반드시' 죽는단다. 정상참작의 여지가 없이 단호하다. 고대 중동문화권에서 지식과 죽음을 연결시킨 경우는 유례없다. 에덴동산 이야기는 이런 점에서도 독특하다.

참으로 얄궂은 명령이다. 모든 게 허용된 것처럼 들리지만 실제는 허용보다 금지에 초점이 맞춰져 있다. '모든 게 허용됐는데 왜 딱 하나, 금지된 열매를 먹었을까?'라고 단순하게 비난하고 말 일이 아니다. 하지 말라면 더 하고 싶은 법인데 이 사람이라고 안 그랬겠나. 이 얘기를 처음 읽는 독자도 이들이 선악과를 따먹으리란 걸 안다. 그걸 먹으면 죽는다는 협박도 안 통할 거라고 짐작한다. 그런데 저자는 그 얘기는 잠시 접어 두고 여자의 창조에 대해 얘기한다.

2

창세기 1장에서는 자신의 창조를 두고 '좋다'는 감탄사를 연발했던 하나님이 남자 혼자 있는 걸 두고 이렇게 말한다.

눈 떠 보니 하나님이더라

남자가 혼자 있는 것이 좋지 않으니 그를 돕는 사람, 곧 그에게 알맞은 짝을 만들어 주겠다.(2:18)

처음으로 하나님이 좋지 않은 감정을 드러냈다. 남자가 홀로 있는 상태가 만족스럽지 않았다. 그래서 그에게 '그를 돕는 사람, 곧 그에게 알맞은 짝'을 만들어 주기로 작정했다. 그래서 하나님이 한 일은 동물과 새들을 만든 일이었다.

주 하나님이 들의 모든 짐승과 공중의 모든 새를 흙으로 빚어서 만드시고 그 사람에게로 이끌고 오셔서 그 사람이 그것들을 무엇이라고 하는지를 보셨다.(2:19)

'그 사람이 그것들을 무엇이라고 하는지를 보셨다.'라는 번역에는 오해의 소지가 있다. 히브리어 원문에는 '그 사람이 그것들을 무엇이라고 부르는지를(call) 보셨다.'로 되어 있다. 하나님은 짐승과 새들을 사람에게 이끌고 왔을 때 사람이 그들에게 이름 붙여줄지 알았다. 어떤 이름을 붙여줄지 지켜보고 있었던 거다.

여기서 말하는 짐승과 새들의 창조 얘기는 1장의 그것과 다르다. 1장에서는 물고기, 뭍짐승, 새들 중 그 누구도 사람을 위해 창조되지 않았다. 하나님을 위해 창조됐다는 말도 없다. 그들 자신을 위해 창조됐던 거다. 그런데 여기서 이들은 사람이 홀로 있는 것을 좋지 않게 여겼던 하나님에 의해 사람의 고독을 해결해줄 배우자 후보로 창조됐다. 짐승이나 새들이 사람의 배우자 후보라는 생각은 현대인의 상상을 넘어서고 엽기적이기까지 하지만 짐승과 새들은 그렇게 창조됐다고 했다. 여기에는 남자의 배우자로서 여자를 상상하면 떠올릴 성적인 함의(含意)는 없다.

> 그 사람이 모든 집짐승과 공중의 새와 들의 모든 짐승에게 이름을 붙여주었다. 그러나 그 남자를 돕는 사람 곧 그의 짝이 없었다.(2:20)

남자는 하나님이 기대한 대로 들짐승과 새들에게 이름을 붙여줬다. 이름을 붙여줬다는 말은 정체성을 부여했다는 뜻이다. 부모가 자식에게 이름을 붙여주는 것처럼 말이다. 짐승의 가짓수가 얼마나 됐는지 모르지만 남자의 지적 능력이 매우 뛰어났음에 분명하다. 그들 모두에게 각기 다른 이름을 붙여주고 그걸 기억했을 테니 말이다. 삼천 가지의 잠언을 말했고 천다섯 편의 노래를 지었으며 온갖 초목과 짐승과 새와 물고기를 논했다는 솔로몬의 지혜(열왕기상 4:32-33)가 이 사람의 지혜를 따라갈 수 있었을까 싶다. 선악과를 따먹기 전에는 사람이 아무 것도 모르는 어수룩하고 순진한 어린아이 같았다는 생각이 틀렸는지는 이 얘기만 봐도 알 수 있다. 선악과를 따먹기 전의 사람은 어수룩한 바보가 아니었다.

이름을 붙이는 일은 창조행위의 일부로서 하나님의 일이다. 1장에서 하나님은 자신이 만든 피조물들에게 이름을 붙였다. 빛을 낮이라 부르고 어둠을 밤이라 불렀으며 창공을 만들어 하늘이라고 불렀고 뭍을 땅이라고 불렀으며 물을 바다라고 불렀다. 사람이 창조행위의 일부인 이름 붙이는 일을 할 때 하나님은 이를 내버려두고 지켜보고만 있었단다. 그 행위를 하나님이 인가했다는 뜻이다. 하나님은 사람이 자신의 일을 하도록 권한의 일부를 그에게 양도한 셈이다. 사람은 명실상부한 창조의 동반자다.

하나님은 사람이 자신의 일을 대신 하는 걸 지켜봤다. 2장의 창조 이야기의 성격상 저 멀리 하늘 위가 아니라 지상 가까운 곳에서 지켜봤을 터이다. 하나님은 초월해 있는 (transcendent) 하나님이 아니라 내재하는(immanent) 하나님이다. 먼지를 뒤집어쓰고 진흙덩어리를 빚어 사람을 만들었듯이 하나님은 사람 가까이서 그가 짐승들에게 이름 붙이는 걸 지켜봤다.

하지만 동시에 하나님은 그 자리에 있지 않았다. 가까이 있었지만 있지 않았다. 하나님이 자신의 독점적 권한을 사람에

9장 내 뼈, 내 살을 눈앞에서 보다!

게 양도했다는 의미에서 그렇다. 하나님은 있으나 있지 않았
다. 유영모가 부른 대로 '없이 계시는 이'다. 이를 서구신학은
하나님의 물러섬(divine withdrawal) 또는 하나님의 부재(divine
absence)라고 불렀다. 하나님은 자신의 피조물과 가까이에서
물러서 있고 현존하면서 부재하는 역설적인 존재다.

> 하나님이 현존하는(present) 동시에 부재한(absent) 가운데 남
> 자가 하나님의 창조행위를 대신 했다는 주장에 대해서는 다
> 음을 참조하라. André LaCocque, *The Trial of Innocence:*
> *Adam, Eve, and the Yahwist* (Cascade Books, 2006), 84.

3

하나님은 남자가 하는 걸 지켜보면서 면접(또는 부모로서 맞선)
을 했지만 그의 짝을 찾을 수 없었다. 이는 하나님의 판단인데
남자도 거기 동의했는지는 알 수 없다. 여자를 보고 남자가 보
인 반응을 보면 그 자신도 동반자가 필요하다고 생각하긴 했
던 모양이다. 어쨌든 짐승과 새들에게서 적당한 후보를 찾지
못한 하나님은 새로 동반자를 만들어 주기로 했다.

> … 그 남자를 깊이 잠들게 하셨다. 그가 잠든 사이에 주 하나
> 님이 그 남자의 갈빗대 하나를 뽑고 그 자리는 살로 메우셨

다. 주 하나님이 남자에게서 뽑아 낸 갈빗대로 여자를 만드시고 여자를 남자에게로 데리고 오셨다.(2:21-22)

여자가 남자를 '돕는 사람, 곧 그의 짝'으로 창조됐다는 서술은 뜨거운 논쟁을 불러일으켰다. "하나님이 당신의 형상대로 사람을 창조하셨으니 곧 하나님의 형상대로 사람을 창조하셨다. 하나님이 그들을 남자와 여자로 창조하셨다."(1:27)라는 서술과 비교하면 성적 불평등이 뚜렷하기 때문이다. 페미니스트 성서학자들의 비난이 여기에 집중됐다. 그런데 여기서 사용된 단어 하나하나를 따져보면 그렇게만 볼 일은 아니다.

이 텍스트가 비난받는 대목은 '돕는 사람, 곧 그의 짝'이란 표현이다. 히브리어로 '에쩨르 케네그도'다. 우리말 성서는 '돕는 배필' 또는 '그의 일을 거들 짝'이라고 번역했고 영어성서는 'a helper meet for him' 'a helper suitable for him' 'a helper as his partner' 'fitting helper' 등으로 번역했다. 하나하나 따져보자.

'에쩨르'에는 '돕다'라는 의미가 있다. 우리말 성서나 영어성서가 그 뜻을 번역에 반영했다. 흔히 '갑'이 '을'을 도울 때 '갑'은 '을'보다 지위가 낮다고 생각한다. 누군가를 보조하거나 시중드는 사람을 생각하면 된다. 우월한 위치에서 도울 수도 있지만 대개는 지위가 낮은 사람이 높은 사람을 시중들 때 그렇게 말한다. '도우미'라는 말을 생각하면 된다. 하지만 에덴동산에서 하와가 아담을 시중들거나 도운 적이 없다. 도우미 역할을 한 적이 없다. 그래서 하와가 아담의 '에쩨르'로 창조됐다는 말은 다른 뜻일 수 있다.

히브리어 '에쩨르'에는 '구원자'(savior, deliverer, rescuer)라는 뜻도 있다. 이럴 때는 '갑'과 '을'의 위치가 바뀌어 지위가 높은 쪽이 지위가 낮은 쪽을 돕는 것이 된다. 구약성서에서 이런 예를 들면,

> 그가 유다를 두고서 이렇게 말하였다. "주님, 유다가 살려 달라고 부르짖을 때에 들어 주십시오. 유다 지파가 다른 지파들과 다시 하나가 되게 하여 주십시오. 주님, 유다를 대신하여 싸워 주십시오. 그들의 원수를 치시어 그들을 도와주십시오 (에쩨르)." (신명기 33:7)

> 내가 눈을 들어 산을 본다. 내 도움(에쩨르)이 어디에서 오는가? 내 도움(에쩨르)은 하늘과 땅을 만드신 주님에게서 온다. (시편 121:1-2)

여기서 하나님은 도움을 주는 쪽이다. 도움을 받는 쪽보다 상위에 있다. 이런 구절들은 여자가 남자의 '에쩨르'이기에 남

자보다 하위에 있다고 보는 선입견을 재고하게 만든다.

'케네그도'는 까다로운 말이다. 이는 '케+네게드+오'로 이루어진 합성어로서 '케'는 '~같은'을 비롯해서 다양한 뜻을 가진 전치사이고 '네게드'는 '~앞에' '~ 반대편에'라는 뜻의 전치사이며 '오'는 남성 3인칭 단수 접미어다. '케네그도'는 복합전치사+접미어로 이루어진 말이다. 우리말 성서와 영어성서들은 이 말을 '그에게 적합한' '그에게 어울리는' '그에게 걸맞은' 등으로 번역했다. 그런데 고대 랍비들은 이 말을 '~와 동등한'(equivalent to)으로 해석하기도 했다. '적합한' '어울리는' '걸맞은' 등은 '동등한'과 비슷한 의미지만 주인공을 누구로 보는지는 다르다. 전자는 남자가 단독주연이고 여자는 조연이지만 후자는 남자와 여자가 공동주연이다. 그렇다면 '에쩨르 케네그도'는 '그와 동등한 위치에서 그를 돕는 사람'이라는 뜻이 된다.

'에쩨르'와 '케네그도'의 의미에 대해서는 다음의 연구가 유용하다. Gary Rendsburg, "Woman: Helpmate No Longer," 「The Torah」(www.thetorah.com/article/woman-helpmate-no-longer). 그는 '에쩨르 케네그도'가 '그(아담)의 동등한 파트너'(his equal partner)를 의미한다고 결론짓는다.

9장 내 뼈, 내 살을 눈앞에서 보다!

마지막으로 '갈빗대'라는 표현이다. 히브리어 '쩰라'를 거의 모든 성서가 '갈빗대'(rib)로 번역했고 여자의 지위를 낮추는 말로 여겨왔다. 필자는 이런 세간의 이해와 달리 갈빗대가 고대 히브리인들이 지성과 감성의 자리라고 믿었던 '심장'(레브)을 감싸는 뼈이므로 보잘 것 없는 것이 아니라 소중한 것의 상징이라고 말해왔다. 어디서 그렇게 읽었는지 기억나지 않지만 어딘가에서 읽었다고 기억하고 또 의미가 그럴듯해서 줄곧 그렇게 말해왔다. 이것이 근거 없는 추측일지도 모르겠다.

우선 '쩰라'가 다른 데서 어떻게 사용됐는지를 살펴보자. '쩰라'는 이곳 외에도 여러 곳에서 사용됐다. 출애굽기 26장 20, 26, 27, 35절, 30장 4절, 37장 27절 등이 그곳인데 여기서 '쩰라'는 '옆면'이나 '옆구리'를 가리킨다. 창세기 2장 21절 이외에 '쩰라'가 갈빗대를 가리킨 경우는 없다. 필자는 '갈빗대'라는 번역이 어디서 왔는지 찾아내지 못했다. 여기서 '쩰라'를 갈빗대가 아니라 '옆구리'로 번역해도 뜻이 통한다. 칠십인역 성서도 '옆구리(플뢰라)'로 번역했다. 문제는 대부분의 사람들이 '갈빗대'라는 번역에 익숙해져 있다는 점이다. 이 때문에 여자를 낮춰보게 됐다. 갈빗대라는 번역은 남성우월주의라는 장벽을 넘기 어렵게 만든다.

이와 관련해서 흥미로운 얘기가 있다. 창세기 1장에서는 남자

눈 떠 보니 하나님이더라

와 여자가 동시에 창조됐는데(1:27) 2장에서는 여자가 남자보다 나중에 남자의 갈빗대로 창조됐다고 한다. 그럼 1장에서 창조된 여자는 어디로 갔을까? 고대 해석자들에게 이 문제는 골칫거리였다. 그래서 이런 얘기가 만들어졌다. 하와 이전에 아담에게 첫 아내가 있었는데 둘은 성관계 시에 누가 상위를 차지하는지를 두고 늘 싸우다가 끝내 여자가 가출해버렸다. 그래서 하나님은 여자를 보다 순종적으로 만들기로 작정하고 아담의 갈빗대를 사용해서 그의 두 번째 아내를 만들었다. 가출한 아담의 첫 아내 릴리트(Lilith)는 나중에 아기를 잡아먹는 귀신이 됐다는 전설이 있다. 릴리트에 대한 얘기가 처음으로 나오는 문서는 중세 유대교 문서인 '벤 시라의 알파벳'(The Alphabet of Ben Sira)이다.

4

하나님은 남자를 만들 듯이 여자를 만들지 않았다. 여자를 진흙덩어리를 빚어 만들어서 그녀의 코에 생명의 숨을 불어넣어 생명체로 만들지 않았다. 대신 남자를 깊이 잠재워 그의 '쩰라'를 취해서 그것으로 여자를 만들었다. 여자가 남자의 몸의 일부로 창조됐기 때문에 남자보다 열등하다면 진흙으로 만들어진 남자는 진흙보다 열등하다고 볼 수밖에 없다. 안 그런가. 그러니 이제 그런 쓸데없는 주장은 그만하자.

옆구리든 갈빗대든 여자가 남자의 '쩰라'로 만들어졌다는 말은 둘이 뗄 수 없이 연결되어 있다는 뜻이다. 그 동안 여자의 창조와 관련된 논쟁은 '에쩨르'와 '케네그도'가 무슨 뜻인지, 여자가 남자의 '쩰라'로 만들어졌다는 말이 어떤 의미인지 등에 집중되어 있었다. 그러다 보니 중요한 사실을 간과했는데 그것은 여자의 창조이야기의 함의(含意)가 무엇인가 하는 점이다. 여자가 이렇게 창조됐다는 이야기가 말하려는 게 무엇인가 말이다.

하나님은 남자가 혼자 있는 게 좋지 않아서 여자를 창조했다. 남자에게 '관계'를 맺을 존재가 있어야 했다는 뜻이고 나아가서 '소통'할 존재가 필요했다는 의미다. 홀로 있는 동안 남자는 이를 인식하지 못했던 것 같다. 홀로 있는 것이 좋지 않은 것인지, 자기가 누군가와 관계를 맺어야 하는지, 그래서 소통하며 살아가야 하는지도 몰랐던 모양이다. 하지만 하나님은 그에게 관계를 맺고 소통할 존재가 필요함을 알았다. 하나님은 남자가 혼자 있는 게 좋지 않았던 거다. 하나님은 그에게 이런 필요가 있음을 알고 그의 짝이자 동반자로, 고독에서 벗어나 관계를 맺고 소통할 상대방으로 여자를 창조했다. 남자가 여자를 봤을 때 올린 탄성은 자기가 고독하면 안 되는 존재요 관계를 맺어야 하는 존재이며 소통을 호흡처럼 하지 않으면 안 되는 '사람'이란 사실을 깨달았음을 보여준다.

눈 떠 보니 하나님이더라

그때에 그 남자가 말하였다. "이제야 나타났구나, 이 사람! 뼈도 나의 뼈, 살도 나의 살, 남자에게서 나왔으니 여자라고 부를 것이다."(2:23)

느낌 충만하고 성적 뉘앙스가 분명한 외침이다. 고독을 이기는 길은 누군가와 함께 있는 것이고 타자와 소통하는 것이다. 들짐승과 새들에게서 동반자를 찾지 못했던 것도 그래서였다. 그들과는 소통이 불가능하기 때문이다. 남자에게는 관계를 맺고 소통할 수 있는 여자가 필요했다.

여자의 창조 이전에 하나님과 남자 사이에 긴밀한 소통이 이루어졌다고는 할 수 없다. 동산의 모든 나무 열매를 먹어도 되지만 선악과는 먹으면 안 된다는 명령 이외에 둘 사이에 직접 말로 소통한 경우는 전해지지 않는다. 명령에 대한 남자의 반응도 마찬가지로 전해지지 않는다. 남자와 여자 사이의 소통도 남자가 터뜨린 탄성이 전부다. 이에 대한 여자의 반응 역시 전해지지 않는다. 둘 사이의 소통은 선악과를 따먹었을 때인 창세기 3장에서 비로소 이루어진다. 하지만 고독(loneliness), 관계(relationship), 소통(communication)은 에덴동산 이야기의 중요한 세 키워드다. 직접 말로 이루어지는 소통은 많지 않지만 세 키워드는 에덴동산 이야기에 면면히 흐르는 중요한 흐름이다.

여자의 창조에 관한 독특한 해석, 특히 남자의 고독과 관련된 논의는 다음을 참조하라. Kenneth Seeskin, "A Relationship with God Is Not Enough: Adam Needed Eve," 「The Torah」 (www.thetorah.com/article/a-relationship-with-god-is-not-enough-adam-needed-eve)

사람과 사람 사이의 소통 중에서 가장 친밀하고 농도 짙은 소통은 성적 결합이다. 여자가 창조되기 전에도 남자는 중재자 없이 하나님과 소통할 수 있었다. 에덴동산은 그것이 가능한 곳이었다. 하지만 그는 고독했다. 하나님도 이 고독을 해소해주지 못했다. 그가 홀로 있다는 사실을 하나님은 좋지 않게 여겼다. 모든 게 좋았던 창조에서 이 점은 옥에 티였다. 사람에게는 사람 동반자가 필요했다. 이는 하나님이 대신할 수 없었다. 그래서 여자가 창조됐다. 남자와 여자는 서로 소통하는 동반자다. 가장 친밀하고 농도 짙은 성적인 소통이 가능한 유일한 동반자요 짝이다.

그러므로 남자는 아버지와 어머니를 떠나 아내와 결합하여 한 몸을 이루는 것이다. 남자와 그 아내가 둘 다 벌거벗고 있었으나 부끄러워하지 않았다.(2:24-25)

현재 대부분의 사회에서는 남자가 부모를 떠나지 않고 여자가 부모를 떠난다. 저자의 사회가 모계사회도 아니었는데 왜 이렇게 썼는지 모르겠다. 구약시대 이스라엘 사회가 모계사회였던 적은 없다.

남자와 여자는 '한 몸'을 이룬다. 그래서 이들은 벌거벗었지만 부끄러워하지 않았다. 여기서 성적인 결합 이외의 다른 것을 읽으려는 시도는 부자연스럽고 부질없다. 두 사람이 벌거벗었지만 부끄러워하지 않았다는 말은 중요한 의미를 갖는다. 선악과를 따먹은 다음에는 이를 부끄러워했으니 말이다. 선악과 따먹은 행위가 이 차이를 낳았다.

선악과는 선이 무엇이고 악이 무엇인지, 그 차이가 뭔지 알게 하는 열매다. 하나님은 그걸 먹으면 그날로 반드시 죽으리라는 말 외에 다른 말은 하지 않았다. 왜 그걸 먹지 말라 하는지, 먹으면 어떤 변화가 생기는지는 말하지 않았다. 오로지 죽는다는 결과만 알려줬다. 선악을 안다는 게 뭔지도 말해주지 않았다.

아담과 하와는 선악과를 먹고 즉각 자기들이 벗은 몸인 걸 알고 무화과나무 잎으로 치마를 만들었다(3:7). 여기에 '부끄러워했다'는 말은 없다. 하지만 이들이 부모를 떠나 한 몸을 이뤘을 때 벌거벗었지만 부끄러워하지 않았다(1:25)고 했으니 선악과를 먹은 후에는 부끄러워하게 됐다는 뜻이다. 왜 선악과

137

를 먹은 후에는 벌거벗은 걸 부끄러워했을까? 이런 질문에 대한 답은 다음 장에서 찾아보겠다.

아담, 하와에게는 부모가 없으니 그들이 부모를 떠난다는 서술은 논리적으로는 이치에 맞지 않지만 저자는 개의치 않는다. 논리적으로는 아담, 하와에게는 배꼽이 없는 게 맞다. "그러므로 남자는 아버지와 어머니를 떠나 아내와 결합하여 한 몸을 이루는 것이다."(24절)에서 첫 단어인 접속사 '그러므로'(히브리어로 '알 켄')가 의미하는 바를 두고 다양한 의견이 제시됐다. 쟝 깔뱅은 24절에 모세의 가르침이 반영되어 있다며 결혼으로 이루어진 결합의 중요성을 강조하는 뜻으로 봤다. 가족 간의 갈등이 생기는 경우 부모보다는 아내 편을 택하라는 의미라는 것이다. 중세 유대교 학자 라쉬(Rashi)는 이를 근친상간을 금하는 명령으로 이해했다. 이밖에 24절의 다양한 해석에 대해서는 다음을 참조하라. Ziony Zevit, "Does a Man Need to Leave His Parents to Cling to His Wife?" 「The Torah」(www.thetorah.com/article/does-a-man-need-to-leave-his-parents-to-cling-to-his-wife)

눈 떠 보니 하나님이더라

반드시 죽는다 vs. 절대로 안 죽는다

선과 악을 알게 하는 나무의 열매만은 먹어서는 안 된다.
그것을 먹는 날에는 너는 반드시 죽는다.
(창세기 2:17)

너희는 절대로 죽지 않는다. 하나님은 너희가 그 나무 열매를 먹으면
너희의 눈이 밝아지고 하나님처럼 되어서
선과 악을 알게 된다는 것을 아시고 그렇게 말씀하신 것이다.
(창세기 3:4-5)

1

그리스도교는 오랫동안 '신화'(myth)에 대해 알레르기 반응을 보여 왔다. 이집트 신화, 메소포타미아 신화, 그리스-로마 신화에 대해서는 안 그랬지만 구약성서(때로는 신약성서도)에 등장하는 몇몇 이야기들을 '신화'로 보는 시각에 대해서는 신경질적으로 반응해왔다. '신화'가 뭐라고 그리스도교가 그렇게 반응했을까? 신화의 사전적 정의는 이렇다.

전승집단이 신성시하는 신에 관한 이야기나 자연현상이나 사회현상의 기원과 유래를 설명하는 이야기, 또는 더욱 보편적 상징으로 인류의 공통된 심층의식(집단무의식)에서 발로된 원형상징의 이야기.《한국 민속 대백과사전》

신화는 해당 문명권의 문화적 진실을 담는 그릇 역할을 해왔다. 그런 점에서 구약성서 전체를 신화로 보는 것은 지나치지만 그 일부가 신화적 성격을 갖는 것은 사실이다. 구약성서에는 신화라는 문학양식을 채택한 부분이 많이 등장한다. 신화의 내용 중에는 신들 간의 암투와 투쟁, 무분별한 성적 행위 등이 있는데 구약성서에는 이런 내용의 이야기가 없다. 구약성서를 신화와 연결시키는 입장에 알레르기 반응을 보이는 데는 이런 이유가 작용했다고 보는데 좌우간 그런 점에서 구약성서는 다른 신화들과는 구별된다.

에덴동산 이야기는 신화적 성격을 갖고 있다. 만물과 인간의 기원에 대한 얘기라는 점에서도 그렇고 악과 죽음의 기원을 설명한다는 점에서도 그렇다. 신(들)의 세계와 인간 세계의 경계가 불분명하다는 점에서도 그렇다. 뱀이 사람의 말을 한다는 점에서는 우화(寓話 fable)의 성격도 갖고 있다. 신과 인간이 중재자 없이 직접 소통한다거나 사람과 짐승의 경계선이 모호하다는 점 등도 신화와 공유하는 특징이다. 이렇듯 에덴동산 이야기는 문학양식으로나 내용으로나 신화적 성격을 갖고 있음에 분명하다. 에덴동산 이야기는 역사적 사실(historical fact)에 대한 서술이 아니다.

훗날 에덴동산 이야기를 바탕으로 많은 신화들이 창작됐다. 이브 이전에 다른 여자가 아담의 첫째 부인이었는데 나중에 악한 영이 됐다는 얘기, 이브의 죄는 성적 욕망을 자제하지 못하고 뱀과 성관계를 가진 것이란 얘기, 이브가 여신으로 신분 상승 했다는 얘기, 아담과 하와는 본래 영적인 몸을 가졌었는데 선악과를 따먹어서 육적인 존재로 전락했다는 얘기, 인간이 선악과를 따먹는 바람에 생명나무 열매를 못 먹게 되어 영생불사의 기회를 놓쳤다는 얘기, 이들이 선악과를 먹지 말라는 명령을 어김으로써 죄와 죽음이 세상에 들어왔다는 얘기, 이들이 선악과를 따먹고 저지른 죄가 이후 모든 인류에게 대대손손 유전되었다는 얘기 등은 모두 에덴동산 이야기에 바탕을 두고 훗날 만들어진 신화들이다.

인간의 타락과 죄, 죽음, 원죄에 대한 얘기에 신화적 성격이 있다는 필자의 견해에 동의하지 않을 수 있다. 기원에 대한 설명이란 점에서 이것들도 하나의 신화로 볼 수 있다는 얘기다. 그렇게 본다고 해도 이 이야기들의 의미와 가치는 손상되지 않는다. 에덴동산 이야기가 역사적 사실이 아니라고 해도 의미와 가치가 떨어지지 않는 것처럼 말이다. 에덴동산 이야기는 역사적 사실이 아니라 특정한 메시지를 당시 널리 활용되던 신화라는 문학형식에 담아 전한 이야기다.

에덴동산 이야기에서 파생된 다양한 신화들에 대해서는 다음을 참조하라. Shawna Dolansky, "The Immortal Myth of Adam and Eve," 「The Torah」 (www.thetorah.com/article/the-immortal-myth-of-adam-and-eve)

2

뱀은 주 하나님이 만드신 모든 들짐승 가운데서 가장 간교하였다. 뱀이 여자에게 물었다. "하나님이 정말로 너희에게 동산 안에 있는 모든 나무의 열매를 먹지 말라고 말씀하셨느냐?" 여자가 뱀에게 대답하였다. "우리는 동산 안에 있는 나무의 열매를 먹을 수 있다. 그러나 하나님은 동산 한가운데 있는 나무의 열매는 먹지도 말고 만지지도 말라고 하셨다. 어기면 우리가 죽는다고 하셨다." 뱀이 여자에게 말하였다. "너희는 절대로 죽지 않는다. 하나님은 너희가 그 나무 열매를 먹으면 너희의 눈이 밝아지고 하나님처럼 되어서 선과 악을 알게 된다는 것을 아시고 그렇게 말씀하신 것이다."(3:1-5)

에덴동산 이야기는 여기서 본격적으로 시작된다. 창세기 2장 8절부터 25절까지는 배경설명이다. 본격적인 시작은 뱀의 등장부터다. 뱀은 하나님이 창조한 모든 들짐승들 중에서 가장 '간교한' 짐승으로 소개된다. 훗날 뱀은 악의 화신인 '사탄'이 되지만 아직은 아니다. 뱀은 하나님이 창조한 들짐승 중 하나이다. 가장 간교했을 뿐이다.

뱀은 사람 말을 한다. 사람의 말로 사람과 소통한다. 에덴동산 이야기가 우화의 성격을 갖는다고 보는 이유다. 구약성서에서 이와 비슷한 책이 요나서다. 요나는 큰 물고기 뱃속에서 사흘 동안 죽지 않고 살아 있다가 세상으로 나왔다. 이 역시 우화에나 나올 법한 얘기다. 에덴동산 이야기와 요나 이야기가 역사적 사실이라고 믿는 사람이 여전히 있다. '지금은 아니지만 그때는 그랬을 수 있다. 하나님이 하시려면 못 할 일이 어디 있느냐.'면서 말이다. 그런 사람에게 묻는다. '하나님이 왜 그래야 했나? 그때는 뱀이 사람 말을 할 수 있게 했다가 왜 지금은 못하게 하는데?' 그건 하나님 맘이라 사람이 딴죽 걸 일이 아니라고 한다면 더 할 말은 없다.

뱀은 여자에게 하나님이 동산 안에 있는 '모든' 나무의 열매를 먹지 말라고 했냐고 물었다. 뱀은 역시 간교했다. 목적 없이 던진 질문이 아니다. 의도와 목적을 갖고 계산해서 한 질문이다. 뱀의 의도는 여자가 선악과를 따먹게 하겠다는 것이었다. 여자의 반응을 예상하고 대비책까지 세워놓고 던진 질문이다.

뱀은 하나님의 명령을 살짝 틀었다. 무심코 들으면 지나칠 수 있을 정도다. 하나님은 "동산에 있는 모든 나무의 열매는 네가 먹고 싶은 대로 먹어라."(2:16)라고 말했는데 뱀은 서술어만 '먹어라'를 '먹지 말라'로 바꿨다. 주의 깊게 듣지 않으면 헷갈릴 수 있다.

여자는 뱀의 화법에 넘어갔다. 그녀는 동산 안에 있는 나무의 열매를 '먹을 수 있다'라며 뱀의 오류를 수정한다. 여기까지는 문제가 없지만 그 다음에 여자는 하나님의 명령을 그대로 전하지 않고 자신의 해석을 덧붙인다. 그녀는 축소해석과 과잉해석을 동시에 했다. 하나님이 허락한 열매를 말할 때 '모든'이란 말을 뺀 것이 첫 번째 축소해석이다. 하나님의 명령에도 있고 뱀의 질문에도 있는 '모든'이란 말을 그녀는 뺐다. 선악과를 먹으면 죽는다는 말을 전할 때 '반드시'와 '그날'이란 말을 뺀 것이 그 다음 축소해석이다. '반드시'와 '그날'은 선악과를 먹은 후에 벌어진 일에서 중요한 의미를 갖는다.

그녀는 과잉해석도 했다. 하나님이 동산 한 가운데 있는 나무 열매는 먹지도 말고 '만지지도' 말라고 했다는 대목이다. 하나님은 '만지지도 말라'는 말은 하지 않았다. 다시 말하지만 선악과를 먹기 전의 사람은 어린아이같이 순진하지 않았다.

뭐든지 그려 넣을 수 있는 백지상태가 아니었다. 여자는 하나님의 명령에 자신의 해석을 더했다. 빼고 싶은 건 빼고 넣고 싶은 건 넣은 거다. 받은 명령만 수행하는 로봇이라면 이렇게 못 한다. 그녀 해석의 옳고 그름은 다른 문제다. 하나님의 명령을 해석했다는 사실 그 자체가 중요하다.

하나님이 첫 사람에게 선악과를 따먹지 말라는 금지명령을 줘서 반감이 들 수 있다. 권위적이거나 강압적으로 느껴지니 그럴 수 있다. 하지만 이렇게 생각할 수도 있지 않을까. 하나님이 사람을 영혼 없는 로봇으로 여겼다면 따를 수도 있고 따르지 않을 수도 있는 명령은 하지도 않았을 거다. 선택이 가능한 명령을 했다는 사실은 사람이 그걸 어길 수도 있음을 하나님도 알고 있었다는 뜻이다. 어길 수 없는 사람에게는 명령이란 게 필요치 않다. 사람은 하나님의 명령을 따를 수도 있고 따르지 않을 수도 있는 자유의지를 갖고 있었다. 하나님은 사람이 어떤 선택을 할지 몰랐다. 알았으면서 그런 명령을 했다면 그것은 난센스다. 선악과 사건은 그런 의미에서 일종의 시험이었다. 하나님은 사람이 어떤 선택을 할지 알고 싶었다.

3

뱀은 여자가 하나님의 명령을 앵무새처럼 반복하지 않고 해석하는 걸 보고 그녀를 유혹할 수 있다고 생각했다. 자신만의 매혹적인 해석으로 그녀를 유혹할 수 있다고 봤다. 뱀은 하나님 명령의 세세한 부분에 관심 갖지 않았다. 그는 선악과를 따먹은 결과를 갖고 그녀를 유혹했다. 그의 무기는 그녀의 욕망을 자극할 수 있는 그만의 '지식'이었다.

뱀은 하나님의 말을 정면으로 부정했다. 마치 자기가 하나님인양 말이다. 하나님은 선악과를 먹으면 '그날' '반드시' 죽는다고 했지만 뱀은 '절대로' 죽지 않는다고 단언했다. 어차피 죽지 않을 테니 '그날'이란 말은 의미 없어서 빼버렸다. 그는 하나님이 선악과를 못 먹게 한 이유를 설명했다. 모두가 궁금해 하는 바로 그 이유 말이다. 그는 선악과를 먹으면 (1) 눈이 밝아지고 (2) 하나님처럼 되어서 (3) 선과 악을 알게 되기 때문이라고 했다.

하나님은 사람이 무엇이 선이고 무엇이 악인지 모르길 원했을까? 선악을 안다는 게 뭘 의미하는지 분명치 않다. 윤리의식을 갖는다는 뜻이라면 하나님은 사람이 윤리의식 없이 살기를 원했다는 말인가? 또 '하나님처럼' 된다는 것은 어떻게 되는 걸까? '하나님이' 되는 것도 아니고 '하나님처럼' 된다는데 이건 어떤 걸까? 사람이 하나님의 형상을 따라서 자신의 모습대로 만들어졌다는데 이것과 '하나님처럼' 되는 것은 다른 걸까?

눈이 밝아진 결과가 뭔지는 금방 드러났다. 선악과를 따먹자 그들 눈이 밝아져서 자기들이 벗은 몸인 걸 알게 됐다니 말이다. 눈이 밝아져서 알게 된 게 그것이 전부였을까? 단순히 나체의 발견이 아니라 특정한 '인식'이 생겼다는 뜻이라면 어떤 인식인지도 궁금하다.

여자에게 세 가지 중 어느 것이 가장 매혹적이었을까? 하나님의 명령을 해석할 줄 알았던 그녀가 뱀의 말은 그대로 믿었을까? 뱀은 하나님도 말하지 않은 진실을 말했을까, 아니면 없는 말을 만들어냈을까? 이런 질문들에 답을 찾아야 이 이야기를 이해할 수 있다.

뱀이 어디서 이런 '지식'을 얻었는지를 두고 학자들 간에 뜨거운 논쟁이 있었다. 어떤 이는 뱀이 하나님과 '우리들'로 구성된 천상어전회의에 참석해서 알게 됐다고 주장했다. 그럴듯한 추정이지만 어디서도 그 근거를 찾을 수 없다. 욥기 1-2장을 간접적인 근거로 들기도 한다. 또한 뱀이 선악과를 직접 따먹고 그런 지식을 갖게 됐다고 주장하기도 한다. 이 역시 텍스트 상의 근거는 없지만 그럴듯한 추정이다. 이런 주장의 약점은 모두 추정에 그친다는 점이다. 뱀이 어디서 이 지식을 얻었는지는 여전히 베일에 싸여 있다.

4

독자의 관심이 여자가 선악과를 따먹을지 여부에 온통 쏠려 있을 때 여자는 한 박자 쉬어 간다. 저자는 강약조절에도 능하다.

여자가 그 나무의 열매를 보니 먹음직도 하고 보암직도 하였다. 그뿐만 아니라 사람을 슬기롭게 할 만큼 탐스럽기도 한 나무였다.(3:6)

선악과는 여자의 욕망을 자극했다. 미각과 시각이라는 감각적 욕망뿐 아니라 지적 욕망까지 자극했다. 지혜로움은 신들의 속성이다. 슬기롭게 할 만큼 탐스러워서 끌렸다는 말은 신의 속성을 갖고 싶은 욕망이 생겼다는 뜻으로 읽을 수 있다. 하나님처럼 되고 싶었다는 얘기다.

여기서 우리도 잠시 쉬어간다. 선악과가 나무 열매라고 했으니 당연히 과일로 여겨왔다. 선악과 하면 대개는 '사과'를 떠올린다. 미술작품들도 대체로 선악과를 사과로 묘사한다. 그런데 고대 중동지역에는 사과라는 과일이 없었다. 어떻게 해서 선악과가 사과가 됐을까? 라틴어로 사과는 'malum'인데 여기에는 형용사로 '사악한'이란 뜻도 있다고 한다. 그래서 해석자

눈 떠 보니 하나님이더라

들이 라틴어 성서를 읽다가 금지된 열매가 악의 근원이 됐으니 선악과를 사과로 해석했다는 거다. 성인 남자 목의 한 가운데 솟아오른 부분을 'Adam's Apple'이라고 부르는 것도 그래서다. 아담이 선악과를 먹다가 목에 걸려서 그게 생겼다는 거다. Shawna Dolansky, "The Immortal Myth of Adam and Eve," 「The Torah」 (www.thetorah.com/article/the-immortal-myth-of-adam-and-eve)

에덴동산 이야기는 인간의 욕망(desire)에 관한 이야기라는 주장이 있다. 죄, 타락, 원죄, 죽음, 영생 등이 주제가 아니라 인간의 욕망이 주제라는 거다. 이런 주장을 하는 학자들은 여자가 뱀의 유혹을 받아서 선악과를 따먹었다는 데 의문을 제기한다. 뱀의 말을 듣긴 했지만 선악과를 따먹기로 결정한 것은 그걸 바라보고 생긴 욕망 때문이라는 얘기다. 뱀이 유혹하기 전에도 여자는 선악과를 바라봤을 터이다. 하지만 그때는 욕망을 느끼지 않다가 뱀이 유혹하자 열매를 다시 바라봤고 그때 욕망이 일어났다. 저자가 '여자가 그 나무의 열매를 보니'라고 서술한 데는 이런 의미가 있다. 열매를 '봤다'는 말은 스치듯 본 게 아니라 응시했다는 뜻이다. 욕망을 유일한 원인으로 보는 것은 지나칠지 몰라도 욕망과 유혹이 동시에 작용했다고는 볼 수 있겠다.

10장 반드시 죽는다 vs. 절대로 안 죽는다

여자가 그 열매를 따서 먹고 함께 있는 남편에게도 주니 그도
그것을 먹었다.(3:6)

여자가 선악과를 먼저 따먹고 함께 있는 남편에게도 줬더
니 그도 먹었단다. 《새번역성경》은 '함께 있는'이라고 번역하
여 히브리어 원문의 '이마하'(with her)를 그대로 번역했다. 《개
정개역성경》《개역성경》《공동번역성서》도 표현은 약간 다르
지만 모두 이 단어를 번역에 반영했는데 유대교 성서 등 몇몇
영어성서에는 이 단어가 빠져있다.
　'(여자와) 함께 있는'이란 말을 어떻게 해석하느냐에 따라서
선악과 사건의 성격이 달라진다. '(여자와) 함께 사는' 또는 '동
거하는'이라는 뜻이라면 남자는 뱀이 여자를 유혹하는 자리에
없었을 수 있다. 그 자리에 남자도 같이 있었다는 뜻이라면 남
자는 여자와 함께 그 자리에서 선악과를 먹었다는 뜻이므로
남녀가 의기투합(意氣投合)했다는 뜻이 된다. 그렇다면 여자가
일방적으로 남자를 유혹해서 선악과를 먹게 만들었다는 전통
적인 견해는 더 이상 유지될 수 없다.

　여성주의 성서학자들은 '이마하'를 빼거나 그 의미를 축소하
는 해석을 심각하게 여긴다. 선악과 사건의 책임을 오롯이 여
성에게 돌리려는 의도로 보기 때문이다. '이마하'의 번역사는

다음의 연구에 상세히 서술되어 있다. 줄리 페이스 파커(김동혁 역), "하와는 혼자가 아니었다-창세기 3:6 하반절의 번역. 생략, 함의" 「성경원문연구」 49 (2021) 267-298. 신약성서에도 선악과 따먹은 책임을 여자에게 돌리는 구절들이 있는데 "아담이 속임을 당한 것이 아니라 여자가 속임을 당하고 죄에 빠진 것입니다."라고 한 디모데전서 2장 14절이 대표적이다.

5

그러자 두 사람의 눈이 밝아져서 자기들이 벗은 몸인 것을 알고 무화과나무 잎으로 치마를 엮어서 몸을 가렸다(3:7).

눈이 밝아졌다니 일단 뱀의 말은 옳았지만 그 결과는 뱀의 말과 달랐다. 뱀은 눈이 밝아져서 하나님처럼 되어 선과 악을 알게 될 거라고 말했지만 실제로 알게 된 것은 '자기들이 벗은 몸'이란 사실이었다. 이들은 전에도 벌거벗고 있었지만 부끄러워하지 않았다(2:25). 이제는 무화과나무 잎으로 치마를 만들어야 했다. 벌거벗은 것이 부끄러워졌던 거다.

《새번역성경》은 그들이 "무화과 잎으로 치마를 엮어서 몸을 가렸다."고 번역했고 《공동번역성서》는 "무화과나무 잎을 엮어 앞을 가리웠다."라고 번역했다. 반면《개역성경》은 "무화과나무 잎을 엮어 치마로 삼았더라."라고 하여 가렸다는 말이 없다. 히브리 원문과 대부분의 영어성서와 칠십인역 성서에도 '가렸다'는 말이 없다. 벌거벗은 몸인 걸 알고 치마를 만들었다면 어디든 가렸을 걸로 추측되지만 히브리 성서에는 그런 말이 없다. 가렸다면 하체 생식기 부분을 가렸을 터이다. 가렸다고 번역한 성서들이 단순히 그렇게 추정했는지 아니면 다른 근거가 있는지는 확인해보지 못했다.

치마를 만들어 놓고 가리지 않았다는 것도 이치에 맞지 않는다. 치마를 만들었으니 가렸을 터이다. 안 그러려면 뭣 하러 치마를 만들었겠나. 가렸다는 말은 보이는 걸 보이지 않게 했다는 뜻이다. 치마 뒤에 뭔가 있다는 뜻이기도 하다. 그걸 보여주고 싶지 않기에 가린 것이다. 이제 아담과 하와는 서로에게 보여주고 싶지 않은 게 생겼다. 그것은 하나님에게도 보여주고 싶지 않았다. 숨기고 싶은 게 생긴 것이다.

6

마지막으로 한 가지만 더 첨언한다. 흔히 선악과로 불리는 나무 열매는 '선과 악을 알게 하는 나무'의 열매로 설명된다. 이는 나무 이름이 아니라 나무에 대한 설명이라고 했다. 이름이든 설명이든 독자는 이 나무 열매를 먹으면 무엇이 선이고 무엇이 악인지 알게 될 것으로 추정한다. 선악을 알게 되는 결과를 낳는 것은 선악과를 먹은 행위라는 것이다.

이 말이 무슨 뜻일까? 저자는 이 말을 무슨 뜻으로 이해했을까? 과일에 과당이 들어 있고 고기에 단백질이 들어 있듯이 선악과라는 열매에 먹는 이로 하여금 선과 악이 뭔지 알게 해 주는 요소가 들어 있어서 그걸 먹는 사람은 누구나 자동적으로 선이 뭐고 악이 뭔지 알게 된다는 뜻일까? 먹기만 하면 자동적으로 선악을 알게 되는 '마술적'인 효능을 가진 뭔가가 존재한다고 믿었을까?

선악을 아는 지식을 포함해서 모든 지식은 객관적으로 존재하는 정보를 내가 해석하는 과정을 통해서 전유(appropriation)함으로써 갖게 된다. 객관적으로 존재하는 정보가 곧 나의 지식이 되지는 않는다는 얘기다. 거기에는 해석하고 전유하는 과정이 필수적이다. 정보는 그 자체로는 선하지도 악하지도 않다. 그것을 사람이 어떻게 해석하고 전유하느냐에 따라서 선도 되고 악도 된다.

선악과가 과당이나 비타민처럼 선악을 알게 하는 지식이라는 성분을 함유한 열매가 아니라는 주장은 다음을 참조하라. André LaCocque, *The Trial of Innocence: Adam, Eve,*

and the Yahwist (Cascade Books, 2006), 186. 물론 이 책의 저자
는 과당이나 비타민을 예로 들지는 않았다.

뱀의 유혹과는 달리 아담과 하와가 선악과를 따먹었지만
곧바로 하나님처럼 되지도 않았고 선악을 알게 되지도 않았
다. 하나님은 그들이 그렇게 됐다고 말했지만 누구도 그래서
이들이 하나님처럼 됐다고 생각하지는 않는다. 선악을 알게
하는 지식은 선악과를 먹었다고 자동적으로 얻어지는 게 아
니다.

창세기 1-3장을 하나의 단위로 읽으면 사람이 하나님처럼 됐
다는 얘기인지 하나님처럼 되지 않았다는 얘기인지가 분명치
않다. 지극히 의도적인 서술이다. 1장은 분명히 하나님이 자신
의 형상대로 자신의 모습을 따라서 사람을 남자와 여자로 창
조했다고 서술한다. 하나님이 됐다는 뜻은 아니지만 하나님처
럼 창조됐다는 의미다. 2장에서는 이들이 선악과를 따먹어서
하나님처럼 되어 선악을 알게 됐다고 하나님이 스스로 말했
다. 하지만 동시에 하나님은 생명나무 열매까지 따먹고 하나
님처럼 끝없이 살게 될까봐(3:22) 그들을 에덴동산에서 추방했
고 생명나무로 가는 길을 차단했다. 하나님과 사람 사이에 거
리를 두려는 의도다. 전체적으로 보면 창세기 1-3장 이야기는

눈 떠 보니 하나님이더라

사람이 하나님처럼 되는 것과 되지 않는 것 사이의 긴장을 팽팽하게 유지하고 있다.

둘은 선악과를 먹었다. 동산에 있는 모든 나무 열매는 다 먹어도 되지만 오직 하나 선악을 알게 하는 나무 열매만은 먹지 말라고, 그걸 먹는 '그날' '반드시' 죽을 것이라고 경고했지만 이들은 그걸 먹었다. 이를 두고 (1) 하나님이 모든 것을 허용했고 오직 한 가지만 금지했는데 그 한 가지를 어겼으니 이들은 복을 걷어찬 자들이라고 비난할 수 있다. 하지만 (2) 하나라도 금지된 것이 있다면 '모든 것'을 허용한 것은 아니고 또 사람은 하지 말라면 더 하고 싶어 하는 존재이니 금지명령은 사실상 지킬 수 없었다고 생각할 수도 있다. 심지어 (3) 하나님은 그들이 금령을 지키리라고 기대하지 않았고 나아가서 어기기를 기대했을 수 있다고 생각할 여지도 있다.

교회에서는 (1)이 정답이었다. 그 외에는 인간의 죄인 됨을 부정하는 왜곡으로 보고 이를 정죄해왔다. 하지만 에덴동산 이야기를 잘 읽어보면 (1)의 해석에도 문제가 있을 뿐 아니라 (2)와 (3)으로 해석할 여지도 있음을 알게 된다. 이제 그 얘기를 해보겠다.

10장 반드시 죽는다 vs. 절대로 안 죽는다

11장

네가 어디에 있느냐?

주 하나님이 그 남자를 부르시며 물으셨다.
"네가 어디에 있느냐?"
그가 대답하였다.
"하나님께서 동산을 거니시는 소리를 제가 들었습니다.
저는 벗은 몸인 것이 두려워서 숨었습니다."
(창세기 3:9–10)

1

인류 최초의 숨바꼭질이 벌어졌다. 하나님과 아담, 하와 사
이에서 말이다. 숨은 사람은 아담과 하와, 술래는 하나님이다.

그 남자와 그 아내는 날이 저물고 바람이 서늘할 때에 주 하
나님이 동산을 거니시는 소리를 들었다. 남자와 그 아내는 주
하나님의 낯을 피하여서 동산 나무 사이에 숨었다.(3:8)

에덴동산이 어디에 있었는지는 모른다. '동쪽'에 있었다고

하지만(2:8) 어디를 기준으로 동쪽인지는 말하지 않는다. 에덴에서 흘러나와서 동산을 적시고 네 줄기로 갈라져 흘렀던 강을 언급하는데(2:10) 이것만으로는 동산의 위치를 알 도리가 없다. '날이 저물고 바람이 서늘할 때' 하나님이 동산을 거닐었다니 한낮에는 더운 지역이었으리라는 게 동산 위치를 추측할 수 있는 전부다.

에덴동산의 위치에 대해서 상세히 연구한 저작들이 여럿 있는데 그 중에 대표적으로 들 수 있는 것이 다음의 것이다. Ziony Zevit, *What Really Happened in the Garden of Eden* (Yale University Press, 2013) 96-113.

하나님이 어쩌다 이날만 동산을 거닐지는 않았을 거다. 선악과 사건이 벌어지기 전에는 하나님과 아담, 하와가 정기적으로 함께 산책했던 걸로 보인다. 이날은 두 사람이 숨었으므로 하나님 혼자 산책해야 했다. 요나는 하나님의 낯을 피하려고 스페인으로 도망치려 했는데(요나 1:3) 이들은 기껏 동산 안의 나무 사이에 숨어서 그럴 수 있다고 생각했는지 의심스럽다. 하지 말라는 짓을 했으니 잠시라도 하나님과 마주치지 않으려고 안간힘을 쓴 걸까. 위기에 처하면 모래에 머리를 처박는 타조처럼 말이다.

아담과 하와는 하나님이 동산을 거니는 소리를 '들었다.' 이 소리를 들으면서 둘은 어떤 생각을 했을까? 선악과를 따먹지 말라는 하나님의 명령을 어긴 데서 비롯된 일종의 '죄책감' 같은 것을 느꼈을까? 선악과 사건을 일으키기 전 평소 같으면 하나님과 함께 동산을 거닐었을 텐데 지금은 명령을 어겨서 그렇게 하지 못한다는 '자괴감' 같은 것을 느꼈을까?

그들은 하나님의 발자국 소리를 들으면서 나무 사이에 숨어 있었다. 이들이 숨어야 했음은 하나님과의 관계에 이미 커다란 균열이 생겼음을 보여준다. 과거 이들은 숨어야 할 일도, 숨겨야 할 것도 없었다. 둘 사이에도 그랬고 하나님과의 사이에도 그랬다. 이들이 벌거벗었지만 부끄러워하지 않았다는 말이 바로 이를 뜻한다. 숨거나 숨겨야 할 것이 전혀 없는 사이는 부끄러워할 일이 없다. 이제 이들은 서로가 벌거벗은 것을 부끄러워했고 하나님으로부터 자신을 숨겨야 했다. 선악과를 따먹은 결과였다.

주 하나님이 그 남자를 부르시며 물으셨다. "네가 어디에 있느냐?"(3:9)

"네가 어디에 있느냐?" 히브리어로는 '아예카' 한 단어다. 사람에게 한 하나님의 첫 말이 동산의 모든 나무 열매는 먹어도 되지만 선악과는 먹으면 안 된다는 명령이었다면 첫 질문은 "네가 어디에 있느냐?"였다. 지리적 위치를 묻는 질문에 그치지 않는다. 이는 동생 아벨을 죽인 가인에게 했던 "너의 아우 아벨이 어디에 있느냐?"라는 질문(4:9)과 한 짝이다. 전자는 하나님과의 관계에서 개인의 실존적 자리를 묻고 후자는 타자와의 관계를 묻는다. 이는 진실을 묻는 질문이다. 벌어진 일이 무엇이든 전적인 책임감을 갖고 임하라는 질문이기도 하다. 아담과 하와가 숨었던 이유는 진실을 묻는 질문을 회피하기 위해서였다. 전적으로 책임감을 갖고 임하기가 두려웠기 때문이었다. 선과 악을 안다는 것은 단순히 무엇이 선이고 무엇이 악인지 아는 게 아니라 거기에 자신을 투신(投身)하겠다는 각오까지를 의미한다. 지식의 반대는 무지(無知)가 아니라 투신의 부재다. 선을 위해서, 그리고 악과 싸우려고 자신을 던지지 않는 지식은 무지와 다를 바 없다. 인식론과 윤리를 뗄 수 없는 이유다.

2

필자가 아담이라면 이 질문을 받기 전에 "하나님, 당신은 어디 계셨습니까?"라고 물었을 거다. 하나님을 탓하겠다는 뜻은 아니지만 정말 궁금한 점은 그때 하나님은 어디 있었냐는 것이다.

하나님은 선악과를 먹지 말라고 명령하고 여자를 만든 다음에 어디론가 사라졌다. 사람이 뱀의 유혹을 받아 선악과를 따먹는 동안 하나님은 거기 없었다. 에덴동산은 하나님과 사람이 중재자 없이 직접 소통하는 공간이었으나 하나님은 결정적인 순간에 현장에 없었다. 소통이 필요했을 때 소통할 수 없었던 거다.

하나님이 심심해서 천지를 창조했을 거라는 농담 같은 진담이 있다. 특히 사람을 창조하지 않았다면 하나님에게는 관계 맺을 대상도, 소통할 상대도 없었을 테니 얼마나 심심했겠냐는 거다. 하나님은 외로워서 세상을 창조했다. 이 말이 농담 같은 진담인 것은 중요한 신학적 성찰이 담겨 있는 까닭이다. 하나님의 천지창조와 동시에 '관계의 창조'가 이루어졌다. 천지창조는 곧 관계의 창조다. 하늘과 땅과 그 안의 모든 것이 창조되면서 그것들 사이에 다양한 관계들이 형성됐다. 관계를 맺고 유지하려면 자기를 제어해야 한다. 자신에게 제한을 가하지 않으면 관계를 유지할 수 없다. 하고 싶은 대로 하면 관계가 유지되지 않는다.

하나님이 천지를 만들었다는 말은 곧 그것들과 관계를 맺었다는 뜻이다. 하나님도 스스로에게 제한을 가하지 않을 수 없었다. 명령을 주고받았을 때 명령을 받은 쪽에만 제한이 주어진다는 생각은 오해다. 명령을 주는 쪽에도 제한이 주어진다. 명령을 지켰을 때와 어겼을 때 해야 하는 조치라는 제한을 스스로에게 부과해야 했다. 하나님이 사람에게 선악과를 따먹지 말라고 명령했을 때도 그랬다. 하나님은 사람이 명령을 지켰을 때와 어겼을 때 해야 할 행위를 정함으로써 자신을 제약해야 했다. 관계를 맺는다는 것은 자신을 제약하는 행위(self-limitation)이고 스스로 쪼그라드는 행위(self-shrinkage)다.

뱀이 하와와 아담을 유혹했을 때 하나님은 거기 없었다. 왜 거기 있어서 둘을 말리지 않았냐고 투정부릴 일이 아니다. 하나님은 사람이 자유롭게 선택할 수 있도록 스스로 사라짐(self-disappearance)으로써 그들에게 공간을 열어줬다고 봐야 한다. 하나님의 사라짐, 또는 물러섬(withdrawal)은 사람이 스스로 선택하고 결정할 수 있도록 공간을 열어준 하나님의 선택이다. 그리고 하나님은 이 선택의 최대의 희생자가 됐다. 자신의 명령에 불복한 사람들과 관계를 이어가야 했으니 말이다. 이제 관계를 새롭게 정립해야 할 필요가 생겼다. 선악과 사건 이후에 내려진 조치는 이 필요에 부응하기 위해서였다.

3

그가 대답하였다. "하나님께서 동산을 거니시는 소리를 제가 들었습니다. 저는 벗은 몸인 것이 두려워서 숨었습니다."

하나님이 물으셨다. "네가 벗은 몸이라고 누가 일러주더냐? 내가 너더러 먹지 말라고 한 그 나무의 열매를 네가 먹었느냐?"(3:10-11)

아담은 나무 사이에 숨어서 하나님이 동산을 거니는 소리를 들었다. 선악과를 따먹기 전에는 자기들도 함께 거닐었지만 지금은 모습을 드러낼 수 없다. 이들은 왜 숨었을까? 금령을 어긴데서 오는 죄책감 때문일 거라고 추측하지만 벗은 몸인 것이 두려워서라고 했다. 죄책감 때문이 아니라 벌거벗었기 때문이라는 거다. 선악과 이전에도 이들은 벌거벗고 있었지만 부끄러워하지 않았다. 서로에 대해서도 그랬고 하나님에 대해서도 그랬다. 그런데 아담은 벗은 몸인 것이 '두려워서' 숨었다고 했다. 부끄러워서가 아니라 두려워서라고 했다. 왜, 무엇이 두려웠을까?

'두려움'(히브리어로 '야라')은 생존에 필수적인 감정이다. 두려움은 위험을 감지했을 때 적절한 신체반응을 일으켜 위험에 대응하게 해준다. 그렇다면 아담은 자기가 벗고 있다는 사실 때문에 생존에 위협을 느꼈다는 얘기다. 전에는 이들이 뭔가를 두려워했다는 얘기가 없다. 선악과를 따먹으면 죽으리란 경고를 받았지만 거기도 두려워했다는 말이 없다. 이 두려움은 단순히 벌거벗었기 때문이 아니라 앞으로 무슨 일이 벌

눈 떠 보니 하나님이더라

어질지 모르는 데서 오는 불안감과 통하는 감정일 수 있다. 이 얘기는 나중에 좀 더 자세히 하겠다.

하나님은 "네가 벗은 몸인 것을 어떻게 알았느냐?"라고 묻지 않고 "네가 벗은 몸이라고 누가 일러주더냐?"라고 물었다. 왜 '어떻게'가 아니라 '누가'라고 물었을까? 누가 알려줘서 알게 된 게 아니다. 눈이 밝아져서 스스로 벗은 몸인 걸 알았다고 했는데 왜 하나님은 '누가' 알려줬냐고 물었을까? '지식'(히브리어로 '야다')이 경험의 산물이고 경험은 타자와의 관계에서 얻어지기 때문이 아닐까? 그래서 '어떻게'가 아니라 '누가'라고 물은 게 아닐까?

하나님은 그 다음에 "내가 너더러 먹지 말라고 한 그 나무의 열매를 네가 먹었느냐?"라고 물었다. 자신의 부재중에 선악과를 먹었냐고 물었다. 하나님은 자신의 부재중에 무슨 일이 벌어졌는지 전혀 모른다. 이들이 벌거벗은 걸 누가 알려줬는지 모를 뿐 아니라 선악과를 따먹은 사실조차 모른다. 하나님은 전지전능은커녕 도무지 아는 게 없다.

질문 순서가 중요한 정도를 반영한다고 볼 수는 없지만 자신이 내린 명령을 어겼는지보다 누가 벗은 몸인 걸 알려줬는지가 더 궁금했던 점은 의미가 있다. '관계'에 깊은 관심이 있음을 반영하기 때문이다. 에덴동산 이야기는 '관계'에 대한 이야기이고 '관계의 탄생'에 관한 이야기다. 이어지는 얘기 또한 관계가 중심이다.

4

그 남자는 핑계를 대었다. "하나님께서 저와 함께 살라고 짝
지어 주신 여자, 그 여자가 그 나무의 열매를 저에게 주기에
제가 그것을 먹었습니다." 주 하나님이 그 여자에게 물으셨
다. "너는 어쩌다가 이런 일을 저질렀느냐?" 여자도 핑계를
대었다. "뱀이 저를 꾀어서 먹었습니다."(3:12-13)

인류의 조상이 이렇게 치졸했다. 아담과 하와는 각각 하와
와 뱀을 핑계 댔다. 아담은 교활하기까지 하다. 하와가 자기에
게 선악과를 줘서 먹었다면서 그녀를 '하나님께서 저와 함께
살라고 짝지어 주신 여자'라고 불렀다. 하나님에게도 책임이
있다는 뜻이다. 하와도 가만히 있지 않았다. 그녀는 뱀 핑계를
댔다. 뱀이 하와를 유혹한 것은 사실이지만 그녀는 뱀의 유혹
을 받고 곧바로 선악과를 따먹지 않았다. 선악과를 보니 먹음
직도 하고 보암직도 하며 탐스럽기도 했기에 따먹었다. 감각
적이고 지적인 욕망을 느낀 거다. 하지만 여자는 욕망은 언급
하지 않고 뱀이 자기를 꾀었다며 그를 탓했다.

뱀에게는 묻지도 않았다. 그는 핑계 댈 기회조차 누리지 못

눈 떠 보니 하나님이더라

했다. 댈 핑계도 없긴 했지만 말이다. 왜 뱀에게는 기회도 안 줬을까? 자신이 만든 짐승들 중에서 가장 교활한 짐승 아니던 가. 사람도 모르던 지식을 갖고 있던 그다. 그는 하와에게 선악과가 금지된 이유를 알려줬다. 그걸 먹으면 눈이 밝아지고 하나님처럼 되어서 선악을 알게 될 것이므로 금지했다는 거다. 하나님의 금지명령을 어기고 그걸 따먹은 행위가 그런 결과를 초래할 수 있다는 뜻이지 선악과 자체에 그런 신비한 효능이 있다는 얘기는 아니다.

교회는 첫 사람이 선악과를 따먹은 결과를 부정적으로만 이해해왔다. 하나님이 그것을 먹는 그날 반드시 죽는다(2:17) 라고 했기 때문이다. 그렇게만 이해할 게 아니다. 선악과 사건에는 부정적인 면만 있는 게 아니라 긍정적인 면도 있다. 다음 장에서는 이 사건의 밝은 면을 얘기해보겠다.

흙에서 왔으니 흙으로 돌아가라

너는 흙에서 나왔으니 흙으로 돌아갈 것이다.
그때까지 너는 얼굴에 땀을 흘려야
낟알을 먹을 수 있을 것이다.
너는 흙이니 흙으로 돌아갈 것이다.
(창세기 3:19)

1

단 한 번의 짧은 최후진술의 기회를 아담과 하와는 핑계 대는 데 썼다. 뱀에게는 그 기회조차 주어지지 않았다. 곧바로 이들 각각에게 처분이 내려졌다.

주 하나님이 뱀에게 말씀하셨다. "네가 이런 일을 저질렀으니 모든 집짐승과 들짐승 가운데서 네가 저주를 받아 사는 동안 평생토록 배로 기어 다니고 흙을 먹어야 할 것이다. 내가 너로 여자와 원수가 되게 하고 너의 자손을 여자의 자손과 원수가 되게 하겠다. 여자의 자손은 너의 머리를 상하게 하고 너

는 여자의 자손의 발꿈치를 상하게 할 것이다.”(3:14-15)

뱀에게 내려진 처분은 (1) 평생 배로 기어 다니고 흙을 먹고 (2) 뱀과 그의 자손이 여자와 여자의 자손과 원수가 되어 서로를 상하게 하는 것이다.

에덴동산 이야기를 '기원론'(etiology)으로 읽는 학자들이 있다. 뭔가의 기원을 설명하는 이야기라는 거다. 이에 따르면 이 야기는 뱀이 왜 다른 짐승과 달리 다리 없이 배로 기어 다니고 흙을 먹고 사는지를 설명한다. 하지만 그 정도를 설명하려고 선악과 얘기가 나왔을까? 그랬을 거 같지 않다.

에덴동산 이야기에는 여덟 가지의 기원론이 있다고 얘기한다. (1) 왜 뱀은 다리 없이 배로 기어 다니나? (2) 왜 사람과 뱀은 그토록 서로 싫어하는가? (3) 왜 여자는 아기를 낳을 때 심한 산고(産苦)를 겪는가? (4) 왜 여자는 남자의 지배를 받는가? (5) 왜 남자는 땀 흘려 땅을 갈아야 먹을거리를 얻는가? (6) 왜 식물에는 가시덤불과 엉겅퀴가 있는가? (7) 왜 사람은 벌거벗으면 부끄러워하고 옷을 입는가? (8) 왜 사람은 죽는가? 이 여덟 가지를 설명하려고 이 얘기가 만들어졌다는 거다. 흥미로운 점은 여덟 가지 내용이 모두 부정적이라는 거다. 여자가 남자의 지배를 받는 것도 부정적으로 봤을까?

12장 흙에서 왔으니 흙으로 돌아가라

뱀과 여자가 서로 원수 됐다는 이야기에는 지나치게 무거운 의미가 주어졌다. 미래에 탄생할 메시아 예언으로 해석한 것이다. 여기에 인간의 전적타락과 원죄 교리가 더해졌고 아담과 하와를 유혹한 뱀이 '사탄'이었다는 해석이 붙어서 '원시복음'(proto-evangelism)이란 이름까지 붙었다. 과잉해석의 한 본보기다. 그보다는 이 대목을 자기가 바친 제물을 하나님이 즐기지 않았다고 가인이 화를 냈을 때 하나님이 한 말과 관련시키는 게 더 일리가 있어 보인다.

… 그래서 가인은 몹시 화가 나서 얼굴빛이 달라졌다. 주님께서 가인에게 말씀하셨다. "어찌하여 네가 화를 내느냐? 얼굴빛이 달라지는 까닭이 무엇이냐? 네가 올바른 일을 하였다면 어찌하여 얼굴빛이 달라지느냐? **네가 올바르지 못한 일을 하였으니 죄가 너의 문에 도사리고 앉아서 너를 지배하려고 한다. 너는 그 죄를 잘 다스려야 한다.**"(4:5-7)

이 해석은 뱀을 악이나 죄의 근원으로 여기게 하는 데 기여하기도 했다.

2

여자에 대한 처분이 이어진다.

여자에게는 이렇게 말씀하셨다. "내가 너에게 임신하는 고통
을 크게 더할 것이니 너는 고통을 겪으며 자식을 낳을 것이
다. 네가 남편을 지배하려고 해도 남편이 너를 다스릴 것이
다."(3:16)

여자에 대해서도 두 가지 처분이 내려졌다. (1) 임신과 해산
의 고통을 겪는 것 (2) 남편을 지배하려 하지만 오히려 남편
의 지배를 받는 것.

두 처분 모두에 해석의 문제가 있다. 《새번역성경》은 여자
가 겪을 임신의 고통을 '크게 더할 것'이라고 번역했는데 이보
다는 "너는 아기를 낳을 때 몹시 고생하리라."라고 번역한《공
동번역성서》가 원문의 뜻에 더 가깝다. 전자는 비교급으로 읽
히는데 비교대상이 없다. 히브리어 원문은 '크게/많게 만들다'
란 뜻의 동사 '라바'를 반복 사용해서 강조의 뜻을 담았다. 아
기 낳아본 적 없는 하와에게 임신의 고통이 전보다 더 커진다
는 말은 이치에 맞지 않는다. 하지만 선악과 사건 때문에 전에
는 없던 산고(産苦)가 새롭게 생겼다는 말이 아니라 악화됐다
는 뜻이라면 이치에 맞는다. 하와 개인에게만 적용되는 얘기

12장 흙에서 왔으니 흙으로 돌아가라

가 아니라 이후 모든 산모(産母)에게 적용되는 얘기로 읽는다면 말이다.

두 번째 처분에도 의문점이 있다. 여자가 남편을 지배하려 하지만 오히려 남편의 지배를 받을 것이라는데 그러려면 여자가 남편을 지배했거나 그런 욕망을 가졌어야 하는데 에덴동산 이야기에는 그런 얘기가 없다. 그런데 앞에서 설명한 대로 '돕는 사람'으로 번역된 '에쩨르'가 시중드는 '도우미'가 아니라 높은 위치에서 도움을 베푸는 사람을 가리킨다면 말이 된다. 여자가 '에쩨르'로서 남자를 지배하는 위치에 있었지만 이제는 사정이 역전되어 남편의 지배를 받을 것이란 뜻이니 말이다. 독자에게는 낯설지만 논리적으로는 그렇게 해석할 수 있다. 여자가 뱀과 대화를 나눴고 선악과를 바라보고 적극적으로 욕망을 발동시킨 걸 감안하면 옆에서 소극적으로 침묵으로 일관했던 남자를 지배하려 했다는 말에는 일리가 있다.

또 하나의 문제는 '남편을 지배하려 해도'에서 '지배'의 히브리어 '테슈카'가 '갈망'(longing)이나 '욕망'(desire)의 뜻도 갖고 있다는 것이다. 그러면 이 문장은 "너는 남편을 갈망/욕망하겠지만 너는 남편의 지배를 받을 것이다."가 되어 우리말 성경의 번역과는 의미가 달라진다.

구약성서에서 '테슈카'는 여기 외에 두 군데서 더 쓰였다. "네

눈 떠 보니 하나님이더라

가 올바르지 못한 일을 하였으니 죄가 너의 문에 도사리고 앉아서 너를 지배하려고 한다."(창세기 4:7)와 "나는 임의 것, 임이 그리워하는 사람은 나."(아가서 7:10)가 그곳이다. 《새번역성경》은 전자의 '테슈카'를 창세기 3장 16절에서처럼 '지배하다'로 번역했다. 이 구절을 "너는 네 남편에게 복종할 것이다."라고 번역한 칠십인역 성서가 영향을 미쳤으리라고 본다. 하지만 《개역성경》과 《개정개역성경》은 각각 '죄의 소원은 네게 있으나' '죄가 너를 원하나'로 번역하여 '지배'가 아니라 '갈망'의 뜻을 담았다. 《새번역성경》은 아가서 7장 10절(히브리 성서는 11절)의 '테슈카'를 '그리워하다'로 번역하여 창세기 4장 7절의 그것과는 달리 번역했다.

'갈망/욕망'과 '지배'의 연결고리가 선뜻 눈에 들어오지 않는다. 갈망/욕망하는 쪽이 심리적으로 지배받는 위치에 놓일 수는 있다. 사랑하는 사람에 대한 갈망/욕망이 클수록 그를 지배하려 할 수도 있지만 반대로 기꺼이 지배를 받으려 할 수도 있으니 말이다.

고대 이스라엘은 가부장제 사회였다. 여자에 대한 이 처분을 가부장제의 기원으로 보는 것은 지나치다. 여자가 겪는 임신과 출산의 고통도 그렇다. 선악과를 따먹었기에 전에 없던 임신과 출산의 고통을 겪게 됐다는 뜻이라기보다 기왕에 있

12장 흙에서 왔으니 흙으로 돌아가라

던 고통이 가중됐다는 뜻이다. 개인 하와가 아니라 모든 여인이 생명을 탄생시키는 과정에서 겪는 고통의 신비에 대한 성찰로 읽는 편이 일리 있어 보인다.

3

마지막으로 아담에 대한 처분이다.

남자에게는 이렇게 말씀하셨다. "네가 아내의 말을 듣고서 내가 너에게 먹지 말라고 한 그 나무의 열매를 먹었으니 이제 땅이 너 때문에 저주를 받을 것이다. 너는 죽는 날까지 수고를 하여야만 땅에서 나는 것을 먹을 수 있을 것이다. 땅은 너에게 가시덤불과 엉겅퀴를 낼 것이다. 너는 들에서 자라는 푸성귀를 먹을 것이다. 너는 흙에서 나왔으니 흙으로 돌아갈 것이다. 그때까지 너는 얼굴에 땀을 흘려야 낟알을 먹을 수 있을 것이다. 너는 흙이니 흙으로 돌아갈 것이다."(3:17-19)

'네가 아내의 말을 듣고서'라는 대목은 '하나님께서 저와 함께 살라고 짝지어 주신 여자'(3:12)에 대응한다. 아담이 하와와 함께 '살았기' 때문이 아니라 그녀의 말을 '들었기' 때문에 이런 일이 생겼다는 거다. 아담의 억지스런 주장을 부드럽게 받아쳤다.

눈 떠 보니 하나님이더라

아담에게 내려진 처분은 네 가지다. (1) 아담 때문에 땅이 저주받았다. (2) 땅은 가시덤불과 엉겅퀴를 내서 그를 고되게 한다. (3) 죽는 날까지 땀 흘리며 애써야 먹을거리를 얻을 수 있다. (4) 흙에서 왔으므로 흙으로 돌아갈 것이다.

잘못은 사람이 했는데 왜 땅이 저주받느냐고 물을 수 있다. 사람이 흙으로 지어졌다는 것 외에 땅은 잘못한 게 없다. 왜 땅이 저주를 받았을까? 여기서는 이유를 알 도리가 없다.

"땅이 너 때문에 저주를 받을 것이다."에서 '저주받다'는 말은 히브리어로 '아라르'의 수동형으로서 아담 때문에 생산력이 저하된다는 뜻이다(신명기 28:16-18; 시편 106:32; 132:10 참조). 이에 상응하는 구절은 다음과 같다. 라멕은 아들을 낳아 "그는 아들의 이름을 노아라고 짓고 말하였다. '주님께서 저주하신 땅 때문에 우리가 수고하고 고통을 겪어야 하는데 이 아들이 우리를 위로할 것이다.'"(창세기 5:29b). 또한 하나님은 노아 때 홍수심판 후에 이렇게 말했다. "주님께서 그 향기를 맡으시고서 마음속으로 다짐하셨다. '다시는 사람이 악하다고 하여서 땅을 저주하지는 않겠다.'"(창세기 8:21a).

아담에게 내려진 처분에서 두 가지가 궁금하다. (1) 선악과 사건 이전에는 땀 흘려 일하지 않아도 먹을거리를 얻을 수 있었을까? (2) 선악과 사건과 사람이 죽어서 흙으로 돌아가는 것이 무슨 관계가 있나?

아담과 하와가 선악과를 따먹지 않았더라면 동산을 가꾸고 돌보며 살았을 거다. 먹을거리도 무진장이었으니 동산을 가꾸고 돌보는 것 외에 따로 노동할 일은 없었겠다. '만약'이란 전제 하에 해본 추측이다. 이들이 선악과를 먹지 않았더라면 영원히 살았을까? 언젠가 죽었다면 흙으로 돌아갔을 터인데 에덴동산 이야기는 이 점에 있어서 애매한 구석이 있다.

하나님은 선악과를 따먹는 '그날' 이들은 '반드시' 죽을 거라고 했지만 그렇게 되지 않았다. 아담은 930년을 살았다 (5:5). 선악과를 먹은 '그날' 죽지 않았다는 얘기다. 생명나무 열매까지 따먹고 끝없이 살까봐 이들을 에덴동산에서 추방했다는 얘기는 선악과를 먹은 '그날' '반드시' 죽는다는 하나님 자신의 말과도 모순된다. 하나님이 거짓말했을까? 선악과를 절대로 따먹지 말라는 뜻으로 거짓협박 했을까? 만일 두 열매를 모두 먹었다면 어떻게 됐을까? 선악과를 먹었으니 언젠가 죽었을까, 아니면 생명나무 열매를 먹었으니 영원히 살았을까? 알 수 없다. 이 점을 저자는 궁금해 하지 않는다.

이런 문제는 생명나무에 관한 이야기에 선악을 알게 하는 나무 얘기가 나중에 더해졌기 때문에 생겼다고 본다. 고대 중동문화권에는 영생불멸에 관한 다양한 신화들이 있었다. 본래 신들만 갖는 특권인 불멸성을 사람이 가지려다 실패한 이야기는 그 문화권에 자주 등장하는 단골메뉴다. 저자는 여기에 '지식'의 원천인 선악과 얘기를 추가하여 새로운 이야기를 만들어냈다. 이스라엘 밖에서는 볼 수 없는 독특한 이야기를 창작해낸 것이다.

에덴동산에는 선악을 알게 하는 나무와 생명나무 두 그루가 아니라 한 그루만 있었다고 주장하는 학자도 있다. "생명나무와 선과 악을 알게 하는 나무"(2:9)에서 '와'를 '그리고'(and)가 아니라 '즉'으로 읽어서 "생명나무, 즉 선과 악을 알게 하는 나무"로 번역할 수 있다는 거다. 한 나무에 두 가지 열매가 열렸다는 얘기인데 이렇게 약간은 억지스런 해석이 나온 까닭은 그 문화권에 두 그루의 나무가 동시에 등장하는 경우가 없기 때문이다.

4

하나님의 처분 얘기는 이렇게 마무리되고 이것과 직접 관련 없는 짧은 얘기가 이어진다.

아담은 자기 아내의 이름을 하와라고 하였다. 그가 생명이 있는 모든 것의 어머니이기 때문이다. 주 하나님이 가죽옷을 만

들어서 아담과 그의 아내에게 입혀 주셨다.(3:20-21)

전에는 '여자'라는 보통명사로 불렸는데 여기서는 '하와'라
는 고유한 이름을 갖는다. '하와'라는 이름은 '생명'이란 뜻을
가진 '하야'에서 비롯됐다. '생명이 있는 모든 것의 어머니'란
풀이가 여기서 나왔다. 그녀는 '인류'의 어머니일 뿐 아니라
'생명 있는 모든 것'의 어머니로 칭해진다.

무화과나무 잎으로 급하게 만든 치마가 하나님 보기에 안
쓰럽고 불안했나 보다. 하나님은 이들에게 '가죽'으로 만든 옷
을 만들어 입혀줬다. '가죽'의 히브리어 '오르'는 '피부'(skin)나
'(짐승의) 가죽'(leather)을 가리키는 말로서 구약성서에서 자주
쓰였다.

이 가죽이 어디서 났을까? 가죽을 얻으려면 짐승을 죽여야
하니 이들에게 가죽 옷을 입히려고 하나님이 짐승을 죽였다
는 얘기가 된다. 어떤 짐승 가죽이었을지 궁금한데 저자가 그
것까지는 알려주지 않았다. 고대 유대교 학자들은 거기까지
신경 썼다. 그들은 하와를 유혹해서 선악과를 따먹게 만든 뱀
의 가죽이라고 봤다. 뱀이 허물을 벗고 남겨놓은 가죽으로 옷
을 만들었다는 얘기다. 저자는 이에 대해 말하지 않지만 재미
있는 추측이다. 때로는 유대교 학자들의 집요함에 감탄하게
된다. 이 경우에는 그걸 진지하게 받아들일 것은 아니지만 말

눈 떠 보니 하나님이더라

이다.

하나님이 아담과 하와에게 만들어준 가죽옷에 대한 자세한 논의는 다음을 참조하라. Rachel Adelman, "The Primeval Coats," 「The Torah」(www.thetorah.com/article/primeval-coats)

에덴동산 이야기가 마무리 단계에 들어간다. 3장 22-24절 의 세 절 남았는데 여기에는 별도의 장으로 다룰 만한 중요한 내용이 담겨 있다.

13장

끝없이 살지 못하게 하자!

보아라. 이 사람이 우리 가운데 하나처럼
선과 악을 알게 되었다.
이제 그가 손을 내밀어서
생명나무의 열매까지 따서 먹고
끝없이 살게 하여서는 안 된다.
(창세기 3:21)

1

　하나님이 뱀, 하와, 아담에게 내린 처분은 처벌이기보다는
결과적으로 저자 시대 사람들이 처해 있는 상황이었다. 뱀은
그때나 지금이나 배로 기어 다닌다. 여자는 산고(産苦)를 겪으
며 가부장제 하에서 산다. 남자는 자신과 가족의 생존을 위해
땀 흘려 노동한다. 사람을 포함해서 모든 동물은 죽으면 흙으
로 돌아간다. 흙에서 왔다는 과학적 증거는 없지만 흙으로 돌
아간다는 것은 부인할 수 없는 경험적 사실이다. 저자는 이것
을 하나님의 명령에 불복종한 데 대한 처벌의 결과로 봤다.

앞에서 만약 선악과 사건이 벌어지지 않았다면 어떻게 됐을지 상상해봤다. 그걸 복된 상태라고 볼 수는 없다. 다른 동물은 관두더라도 한없이 불어난 사람들 때문에 동산은 포화 상태가 될 텐데 그걸 낙원이라고 부를 수 있겠는가. 다행히 그런 일을 벌어지지 않았다.

주 하나님이 말씀하셨다. "보아라, 이 사람이 우리 가운데 하나처럼 선과 악을 알게 되었다. 이제 그가 손을 내밀어서 생명나무의 열매까지 따서 먹고 끝없이 살게 하여서는 안 된다."(3:22)

뱀이 옳았다. 선악과를 먹으면 벌어질 일에 대해 뱀이 한 말은 옳았다. 그는 선악과를 먹으면 (1) 눈이 밝아지고 (2) 하나님처럼 되어서 (3) 선과 악을 알게 될 거라고 했는데 그대로 됐다. 눈이 밝아진 것은 이미 확인했다(3:7). 뱀은 그들이 벌거벗은 몸인 것을 알 거란 말은 하지 않았다. 알면서 일부러 말하지 않았을까? 아니면 그도 그것은 몰랐을까?

(2)와 (3)은 하나님이 직접 확인해줬다. 그들이 '우리 가운데 하나처럼' 되어 '선과 악을 알게 됐다'고 하나님이 친히 말했다. 뱀은 거짓말하지 않았다. 훗날 그를 악의 화신 '사탄'으로 둔갑시킨 사람들은 이 점을 어떻게 해결했는지 궁금하다.

사탄의 특기는 거짓말하기인데 이처럼 뱀은 진실을 말했으니 그를 어떻게 거짓말쟁이로 만들었을까?

뱀은 어떻게 진실을 알았을까? 명령을 받은 당사자도 모르는 진실을 뱀은 어떻게 알았을까? 그도 하나님의 '우리' 중 하나였을까? 욥기에 나오는 사탄처럼 말이다(욥기 1-2장 참조). '우리'가 선악과의 진실을 공유했고 뱀이 그 일원이었다면 그도 진실을 알았겠다. 그렇다면 그는 천기를 누설한 셈이다.

사람도 몰랐던 선악과의 진실을 뱀이 알았다는 사실 때문에 후대에 그는 격상된 지위를 누렸다. '하나님이 만든 들짐승 중에 가장 간교한 짐승'(3:1)이던 그가 악의 화신 '사탄'이 됐다. 구약성서에서 뱀은 사탄이 아니다. 뱀의 사탄으로의 신분상승은 구약과 신약의 중간시대, 구체적으로는 기원전 1세기경에 일어났다. 뱀이 아담, 하와보다 먼저 선악과를 따먹었기 때문이라고 추정한 학자들이 있었다는 얘기는 앞에서 했다.

2

고대 중동문화권에서 영생불사(immortality)는 신들만 누리는 특권이었다. 사람은 영원히 살지 못하고 죽게 되어 있다고 믿었다. '길가메시 서사시'에는 사람이 영생불사 할 뻔했다가 막판 실수로 실패했다는 얘기가 나온다. 영생불사에 관해서는 에덴동산 이야기도 같은 부류에 속한다고 볼 수 있다. 사람의 영생불사보다는 하나님의 명령을 어기고 선악과를 따먹은 데 초점이 맞춰져 있지만 말이다.

구약성서를 낮춰보는 사람들은 하나님을 질투하는 신이라고 조롱한다. 사람이 영생불사 하는 걸 시샘해서 허락하지 않았다는 거다. 정말 그럴까? 고대 중동문화권에서처럼 구약성서도 영생불사를 사람은 감히 쳐다볼 수 없는 신들만의 특권이라고 생각했을까?

제임스 바(James Barr)는 에덴동산 이야기의 주제를 사람이 영생불사 할 뻔했지만 실패한 이야기로 해석했다. 1990년 영국 브리스톨 대학교에서 행한 기포드 강연을 풀어서 출판한 책에서 그는 에덴동산 이야기의 주제는 오랫동안 그리스도교회가 전통적으로 믿어왔던 죄, 타락, 원죄, 죽음 등이 아니라 사람이 영원한 생명을 누릴 뻔했다가 막판에 실패한 이야기로 해석했다. 그는 죽음은 선악과 사건에 대한 하나님의 징벌이 아니라 본래부터 인간이 겪어야 할 자연스런 운명이라는 게 구약성서의 신학이라고 주장한다. 또한 영생불사의 신학과 부활의 신학은 서로 대립하는 신학이라는 전통적인 생각에 대해 그는 그렇지 않다고 주장한다. 두 신학은 서로 대립하지 않고 상호보완적이라는 거다. James Barr, *The Garden of Eden and*

The Hope of Immortality (Fortress Press, 1992).

이들이 생명나무 열매를 따먹을까봐 하나님이 이중삼중의 조치를 취한 걸 보면 그런 것 같기도 하다.

그래서 주 하나님은 그를 에덴동산에서 내쫓으시고 그가 흙에서 나왔으므로 흙을 갈게 하셨다. 그를 쫓아내신 다음에 에덴동산의 동쪽에 그룹들을 세우시고 빙빙 도는 불칼을 두셔서 생명나무에 이르는 길을 지키게 하셨다.(3:23-24)

하나님은 이들이 생명나무 열매까지 먹고 영원히 살게 될까봐 그들을 (1) 동산에서 내쫓았고 (2) 그룹들을 경비병으로 세워놓았으며 (3) 불칼을 두어 생명나무로 가는 길을 철벽방어 했다. 이런 조치들을 취한 걸 보면 하나님은 이들이 영원히 사는 걸 원치 않았다고 볼 수 있다.

하지만 이것은 절반의 진실이다. 더 기본적인 사실은 하나님이 생명나무를 동산 중앙에 두었고 그걸 금지하지 않았다는 점이다. 생명나무 열매는 아담과 하와의 손이 닿는 곳에 있었고 그걸 먹는 게 금지되지도 않았다. 마음만 먹으면 언제든지 그 열매를 먹을 수 있었다. 만일 사람이 영원히 사는 걸 결단코 원치 않았다면 하나님은 처음부터 달리 행동했어야 했

눈 떠 보니 하나님이더라

다. 생명나무를 이들 손이 닿지 않는 곳에 놔뒀어야 했고 선악과처럼 절대 먹지 말라고 했어야 한다.

하지만 이들이 선악과를 먹은 후로는 상황이 달라졌다. 맘대로 먹을 수 있었던 열매를 절대 먹지 못하게 하려고 이중삼중의 조치를 취했으니 말이다. 이 변화는 선악과 사건이 초래했다. 이들이 금단의 열매 선악과를 따먹는 바람에 모든 게 달라졌다. 그것만 안 먹었다면 생명나무 열매 먹는 게 문제 되지 않았는데 그걸 먹는 바람에 문제가 됐다. 둘 다 먹으면 '정말 하나님처럼' 되겠기 때문이다.

하나님은 이들이 '정말 하나님처럼' 되는 걸 원치 않았다. 생명나무 열매든 선악과든 둘 중 하나는 먹어도 '그나마' 괜찮았지만 둘 다 먹는 것은 절대 안 됐다. 하나님은 생명나무 열매는 먹지 못하게 했어야 했다. 정말 하나님처럼 되는 것은 막아야 했으니까.

3

생명나무에 접근하지 못하게 하려고 하나님은 아담과 하와를 에덴동산에서 내쫓았다. 집 나가면 고생이라고 에덴동산에서 살 때는 동산을 지키고 돌보기만 하면 됐는데(2:15) 거기서 쫓겨나니 땀 흘리며 땅을 갈아야 했다. 저자는 흙을 갈아야 했다고 말할 때마다 이들이 흙에서 왔음을 강조한다. 그래서 에덴동산 이야기의 주제를 '흙'(히브리어로 '아마다')이라고 주장하는 학자도 있다.

선악과 사건이 초래한 변화는 여섯 가지로 정리할 수 있다. (1) 그들의 눈이 밝아져서 벌거벗은 걸 부끄러워하게 됐고 하나님을 두려워하게 됐다. (2) 하나님의 낯을 피해 나무 사이에 숨었다 (3) 벌어진 일에 대해 상대방을 핑계 대며 발뺌하려 했다. (4) 하나님처럼 되어 선악을 알게 됐다. (5) 생명나무 열매 먹는 게 금지됐다. (6) 에덴동산에서 쫓겨났다. 필자는 이 변화를 총칭하여 '관계에 있어서의 변화'라고 본다. 이에 대해서는 '닫는 글'에서 다시 얘기하겠다.

이렇게 아담과 하와는 에덴동산에서의 삶에 종지부를 찍고 동산 바깥 찬바람 부는 한데로 나왔다. 거기서 아담은 가시덤불과 엉겅퀴의 방해를 받아가면서 땅을 갈아서 먹을거리를 마련해야 했고 하와는 산고 끝에 자식을 낳아야 했다. 이들은 '가족'이라는 가장 기본적인 인간 집단 안에서 울고 웃고 기쁨과 아픔을 경험하며 살아가게 됐다. 이후에 바깥세상에서 벌어진 일들을 생각해보라. 아들들 사이에서 죽고 죽이는 살인이 벌어졌다. 이밖에도 간음, 강간, 살인, 속임수 등의 사건들이 이어졌다. 아담과 하와는 일부일처였지만 나중에는 일부다

눈 떠 보니 하나님이더라

처가 흔해졌고 이로 인한 갈등으로 가슴 아픈 사연들이 만들어졌다. 어두운 그늘이 인간사에 드리워졌다.

그럼에도 불구하고 더 나은 세상을 향한 인간의 노력은 끊이지 않았다. 인간이 만들어낸 다양한 공동체는 많은 문제점에도 불구하고 유지되어왔다. 시대에 따라 모습도 달라지고 성격도 달라졌지만 다양한 공동체들은 자신들이 누군지를 지치지 않고 묻는 사람들에 의해 계속해서 진화해왔다.

뱀은 어떻게 됐을까? 뱀은 한동안 등장하지 않는다. 뱀의 운명이 궁금했던지 구약과 신약의 중간시대에 많은 현자들이 그를 주제로 한 이야기를 만들어냈다. 거기서 뱀은 신적인 존재로 지위가 격상됐다. 본래 선도 아니고 악도 아닌 중립적인 존재였던 '사탄'(정관사가 붙은 보통명사 '하 사탄'은 천상에서 일종의 검사 역할을 하는 존재였다)이 훗날 악의 근원이요 화신이 됐다.

뱀과 여자가 서로 원수가 되고 뱀의 후손과 여자의 후손이 원수가 되어 서로 상하게 할 것(3:15)이라는 하나님의 처분을 '원시복음'으로 해석하는 것은 과도하지만 인류는 과거나 지금이나 미래에 끝없이 악과 대립하고 싸울 것이다. 그 악이 스스로 만들어낸 것이든 어디서 왔는지 모를 정체불명의 것이든 인류는 거기에 굴복하지 않고 끝내 맞설 것이다.

회복과 조화와 살림이라는
미지의 세계로

1

두 사람이 정글을 가다가 사자가 포효하는 소리를 들었다. 한 사람은 주변을 두리번거리며 숨을 곳을 찾는데 다른 사람은 재빨리 신발을 운동화로 바꿔 신었다. 숨을 곳을 찾던 사람이 말했다. "자네는 뭘 생각하나? 아무리 빨리 뛰어도 사자보다 빠를 수는 없어." 그러자 운동화로 바꿔 신은 사람이 말했다. "사자보다 빠를 필요는 없지. 자네보다만 빠르면 되니까."

웃기지만 웃을 수만은 없는 이 이야기는 영국의 천재수학자이자 암호학자며 컴퓨터 발명가인 앨런 튜링의 생애를 다룬 영화 〈이미테이션 게임〉에 나온다. 두 개인의 이야기지만 범위를 넓혀보면 인류가 처한 위기 상황도 이와 다르지 않다. 남은 죽든지 말든지 나만 살 것인가, 아니면 같이 살 것인가?

세상의 창조 또는 만물의 기원에 관한 이야기로 읽어온 창세기 1-3장을 필자는 '관계의 창조'라는 관점을 보태서 읽어봤다. 빛이 어떻게 생겨났고 해와 달과 별들이 어떻게 창조됐으며 하늘과 뭍과 물속에 사는 생물들이 어떻게 만들어졌는지에 대한 이야기일 뿐 아니라 창조주와 세상 사이, 창조주와 사람 사이, 사람과 세상 사이의 관계에 대한 얘기로 읽었다. 관계의 탄생으로 읽은 것이다.

창세기 1장과 2-3장 이야기의 차이는 각각의 저자가 창조를 바라보는 자리가 다른 데서 비롯됐다. 1장의 저자는 저 높은 곳에 있는 하나님의 눈으로 세상을 바라본다. 그는 하나님과 눈높이가 같다. 하나님은 지상에서 멀리 떨어진 높은 곳에서 세상을 내려다본다. 거기서 손에 먼지 하나 안 묻히고 저 아래 있는 세상을 향해서 말을 던짐으로써 만물을 창조한다. 하나님은 세상 너머에 있는 초월자다. 저자는 그 하나님 옆에서 창조 이야기를 썼다.

창세기 2-3장 저자는 1장의 저자와는 다른 자리에 있다. 하나님 곁에서 하나님과 같은 눈높이에서 세상을 바라보는 것은 같지만 이 하나님은 저 높은 곳이 아니라 땅에 발을 딛고 서서 피조물들과 같은 눈높이로 세상을 바라본다. 이 하나님은 말로 원격조종해서 세상을 만드는 게 아니라 소매를 걷어붙이고 먼지 구덩이 속에 들어가 앉아서 몸으로 세상을 만든다. 토기장이가 토기를 만들듯이 먼지 뒤집어쓰고 진흙을 빚어서 만든다.

P문서와 J문서의 시각의 차이에 대해서는 다음의 책을 참조하라. Avivah Gottlieb Zornberg, *Genesis: The Beginning of Desire* (Jewish Publication Society, 1995) 3-36.

두 하나님 가운데 어느 편이 더 '관계'에 진심일까? 1장의 하나님은 자신의 피조물로부터 멀리 떨어져 있고 2-3장의 하나님은 그들 곁에 그들과 함께 있다. 1장의 하나님보다 2-3장의 하나님이 피조물과 더 깊고 진한 관계를 맺지 않겠나. 2-3장의 하나님, 곧 에덴동산에서 아담, 하와와 중재자 없이 직접 소통하던 하나님에 더 마음이 가고 그 하나님이 더 궁금하고 더 가까이 다가가고 싶은 것은 필자만은 아닐 게다.

2

그리스도인들은 창세기 1-3장을 읽으면서 자신을 창조의 정점이요 만물의 영장으로 여기며 흐뭇해했다. 하나님의 창조행위는 결국 인간의 창조에서 클라이맥스에 다다르니 그럴 만도 하다. 그런데 2022년 7월 제임스 웹 망원경이 인류에게 툭 던진 몇 장의 사진을 보니 오랫동안 부질없는 생각을 해왔구나 싶다.

　필자가 이 사진들을 보고 든 생각은 인간이 우주에 대해 뭘 알고 있고 얼마나 알고 있나 하는 것이었다. 우리는 우주에 대해 아는 바 전체가 뭔지도 정확히 모른다. 뭘 알고 뭘 모르는지도 모른다. 이럴 때 인간은 불안감을 갖는다. 뭘 아는지도 뭘 모르는지도 모르니 불안하다. 전에 무슨 일이 벌어졌는지도 모르고 앞으로 무슨 일이 벌어질지도 모르니 불안할 수밖에 없다.

　인간은 의미 없음에 대한 근원적인 불안감도 갖고 있다. 열심히 생각도 하고 부지런히 살려고 애도 쓰는데 그래봐야 그게 아무 것도 아니라는 생각이 들어서 불안하다. 종교는 이런 불안을 극복하려는 인간정신의 노력의 산물이다. 뭘 아는지 뭘 모르는지도 모르는 불안감과 그래봐야 모든 게 무의미할지도 모른다는 불안감을 극복하는 인간의 노력으로 탄생한 게 종교다. 시편 8편은 이 불안감과 그것을 극복하려는 고대인의 노력을 보여주는 노래다.

　　주님께서 손수 만드신 저 큰 하늘과 주님께서 친히 달아 놓으신 저 달과 별들을 내가 봅니다. 사람이 무엇이기에 주님께서 이렇게까지 생각하여 주시며 사람의 아들이 무엇이기에 주님께서 이렇게까지 돌보아 주십니까?(시편 8:3-4)

시인은 넓디넓은 밤하늘과 거기 걸려 있는 달과 별들을 보면서 명상에 잠긴다. 나는 얼마나 보잘 것 없는 존재인가. 하나님은 아브라함에게 밤하늘의 별들을 보라면서 자손이 저 별들처럼 많아질 거라 했다지만 시인은 같은 달과 별들을 바라보며 자손은 관두고 보잘 것 없는 자기에게까지 맘을 써주는 그분 생각에 가슴이 벅차오른다.

지구상에 사는 모든 생명체 중에 자기가 광대한 우주에서 지구라는 미미한 행성에 살고 있음을 아는 유일한 생명체가 인간이란다. 현대인은 이 사실을 알지만 그걸 몰랐던 고대인은 어땠을까? 자신을 누구라고 생각했을까? 자신을 어떤 존재로 인식했을까? 시편 8편은 이 질문에 대한 하나의 답을 준다. 그는 해와 달과 별들을 바라보며 한없이 미미한 자신에게까지 마음 써주는 창조주를 생각하며 경외심과 감사한 마음을 가졌다.

인간의 역사는 자신에 대한 탐구의 역사라고 말들 한다. 자신이 누군지를 끊임없이 묻고 답하는 존재라는 거다. 인간은 미미하고 보잘것없는 존재이고 스스로도 그런 줄 알지만 동시에 자신의 모든 행동에서 스스로를 반성할 줄도 아는 동물이다. 인간은 이성의 동물이기에 동물적으로 생각하고 말하고 행동하지 않으려고 노력한다. 하지만 때로 인간은 그 어느 동물보다 더 동물적으로 행동한다. 동물적으로 행동하는 데 동

눈 떠 보니 하나님이더라

물과 스스로를 구별하는 데 사용하는 이성을 동원하기도 하는 역설적인 동물이 인간이다.

인간을 동물과 구별하게 만드는 또 하나의 요인은 다른 누군가로 살면 어떨까를 상상할 줄 안다는 점이다. 여기서 도덕이 나왔고 윤리가 탄생했다. 역지사지(易地思之), 인간은 남의 신발을 신어볼 줄 아는 동물이다. 이 상상은 신(神)으로 살면 어떨까 하는 데까지 뻗어간다. 시각장애자가 코끼리 만지는 식이긴 하지만 그래도 사람은 자신 이상의 존재가 되는 상상을 끊임없이 한다. 시각장애자가 코끼리 만지는 걸 우습게 알면 안 된다. 자기가 만지는 부위가 극히 작은 부분이란 것만 인식한다면 그건 우스운 일이 아니다. 인간이 실재(reality)라는 걸 안다고 누가 감히 말하겠나. 하물며 신에 대해서는 오죽할까. 인간이 신에 대해 대체 뭘 알겠나. 많은 시각장애자들이 계속해서 코끼리를 만지다 보면 점차 그 모양이 드러나겠고 결국 전체의 모습을 알 수도 있다. 신의 경우도 그렇게 된다는 보장은 없지만 그렇게 안 하면 어쩔 건가. 다른 방법이 있나. 신에 대해서도 시각장애자 코끼리 만지기를 계속한다면 우리가 신에 대해 아는 것이 얼마나 보잘 것 없나 하는 정도는 알 수 있을 게다.

창세기 1-3장은 시각장애자가 코끼리 만지는 것 같은 이야기다. 이 이야기가 하나님과 세상에 대해서, 그리고 인간 자신에 대해서 모든 걸 말해주지는 않는다. 하나님과 인간, 하나님과 세상, 그리고 인간과 세상의 관계에 대해서도 모든 걸 말해주지 않는다. 이 짧은 이야기에서 그런 기대를 하는 것은 어리석다. 밤하늘의 달과 별들을 바라볼 때 눈에 보이는 게 우주의 전부는 아니다.

3

제사장 문서(P문서)인 창세기 1장은 제사장이라는 최고 엘리트들의 글답게 당시의 과학지식을 총동원해서 이야기를 만들어냈다. 반면 야휘스트 문서(J문서)에 속한 2-3장은 이야기꾼답게 매혹적인 이야기를 만들어냈다. 이들이 그려내는 인간은 복합적이다. 모순점과 모호한 구석도 많다. 한편으론 성스럽고 다른 한편으론 지극히 속되다.

두 창조이야기는 모두 하나님의 성품이 인간에게 옮겨졌다고(transference) 말한다. 이렇게 옮겨진 하나님의 성품은 매우 역동적이다. 인간 안에 가만히 머물러 있는 고정된 속성이 아니라 인간과 하나님, 인간과 동물의 경계를 넘나들며 전진과 후퇴를 반복하면서 궁극적으로는 하나님을 지향하게 만드는 역동적인 힘이다. 이런 역동적인 힘을 1장은 '하나님의 형상과 모습'으로 그려냈고 2-3장에서는 '선과 악을 아는 지식'으로 풀어냈다.

1장은 하나님이 치밀하게 계획해서 자신의 형상과 모습을 사람에게 부여했다고 말한다. "우리가 우리의 형상을 따라서 우리의 모양대로 사람을 만들자."(1:26)라는 말은 준비되고 계획된 일을 실행하려는 집합의지의 표현이다. 2-3장에서 사람은 뱀의 유혹 때문에(또는 덕분에) 선악과를 따먹는 선택을 함으로써 하나님의 성품을 갖는다. 이는 하나님이 계획하지는 않았지만 무의식적으로 원했던 일이었다. 안 그랬다면 애초에 그 나무를 동산에 뒀을 리 없고 더욱이 동산 중앙에 뒀을 리 없다. 하나님의 계명을 불복종함으로써 사람은 하나님의 성품(선악을 아는 지식)을 갖게 됐다.

하나님의 의식적, 또는 무의식적인 선한 의지와 경계선을 넘나드는 인간의 자유의지가 만나서 역사를 써나간다. 하나님과 사람은 '나와 너'(I and Thou)의 관계를 발전시켜 나간다. 하나님이 하나님이 되고 인간이 인간이 되는 것도 이 과정을 통해서다. 인간이 인간으로 만들어지는 과정은 또한 하나님이 하나님으로 되는 과정이기도 하다. 인간의 존재가 생성되어 가듯이 하나님의 존재도 만들어져간다(God's being is in becoming). 인간이 자기 숙명에 얽매인 존재가 아니듯이 하나님도 이미 결정된 바를 실행하는 존재가 아니다. 둘은 상대방에게 영향을 주기도 하고 받기도 하는 관계다. 자신을 만들어가면서 상대방도 만들어가는 관계인 것이다.

이 역동성은 아담과 하와의 관계도 규정한다. 하나님은 아담이 홀로 있는 게 좋지 않아 하와를 만들었다. 하와의 창조는 하나님을 만족하게 했을 뿐 아니라 아담의 외로움도 해결했다. 관계없음(relation-less)은 곧 완결되지 않음(incomplete-ness)이다. 하와가 창조됨으로써 사람은 부모를 떠나 한 몸이 되어 진정한 '관계 속의 인격'(personality-in-relation)으로 새로 태어났다.

'관계없음'이 '관계있음'이 되고 '불완전'이 '완전'이 된 후에야 '계명'은 비로소 '계명'이 된다. 계명은 관계 속에서만 의미를 갖는다. 선악과를 먹지 말라는 계명은 하와 창조 이전에 아담에게 주어졌지만 그때는 아무런 역할도 하지 않았다. 계명이 없는 거나 마찬가지였다. 여기에 뱀이 끼어들어 삼자관계를 만들어냈다. 뱀이 계명을 어기라고 유혹한 쪽은 계명을 직접 받은 아담이 아니라 하와였다. 이보다 계명의 관계적 성격을 더 잘 보여주는 게 있을까? 선악과 사건은 하나님과 아담과 하와와 뱀의 사자(四者)가 얽히고설켜서 만들어낸 관계적 사건이다. 계명의 관계성을 보여주려는 저자의 의도가 여기서도 드러난다. 단순히 여자가 유혹에 약해서 뱀의 유혹에 넘어간 게 아니다. 얽히고설킨 관계성을 잘 보여주려면 아담보다는 하와가 뱀을 만나야 했다.

아담과 하와는 선택에 직면했다. 선악과를 먹느냐 먹지 않느냐는 선택할 수 있었다. 하나님의 계명에 복종하느냐 복종하지 않느냐의 선택이었다. 선택은 선악을 아는 지식을 택하느냐 하나님과의 관계 유지를 택하느냐 사이의 선택이 아니었다. 이것은 현대적 시각이 반영된 해석이다. 현대인은 사람이 하나님과 무관하게 살 수도 있다고 생각한다. 하나님 없이도 얼마든지 살 수 있다고 믿는다. 고대인들은 그렇지 않았다. 하나님 없이 산다는 것은 상상할 수 없었다. 어리석은 사람이나 하나님이 없다고 말했다(시편 14:1). 그런 사람이나 하나님 없이 살 수 있다고 믿었다. 선악과를 두고 사람이 한 선택은 (선악을 아는) 지식이냐 (하나님과의) 관계냐가 아니었다. 그것을 먹는다고 하나님과의 관계가 완전히 단절된다고는 생각지 않았다. 그건 고대인의 상상의 범위를 넘는 일이었다.

선악과를 바라봤을 때 솟아난 욕망이 하나님의 명령을 어겼을 때 벌어질 미지의 결과에 대한 두려움보다 컸던 거다. 여기에 뱀의 달콤한 유혹의 말이 가세했다. 사람은 선악과를 따 먹기로 선택했다. 그게 초래할 결과를 모르는 상태에서 말이다. 사람은 하나님과의 관계를 저버리고 선악을 아는 지식을 선택한 게 아니라 선악과를 따먹은 다음에 벌어질 하나님과의 관계 변화에 대한 불안감보다 새로운 관계가 가져올 미지의 세계에 대한 호기심을 선택한 것이다.

선악과를 먹고 그들은 눈이 밝아져서 자기들이 벗은 몸인 걸 알게 됐고 그래서 치마를 만들었다. 벗은 몸을 가렸을 터이다. 그런데 하나님이 "네가 어디 있느냐?"라며 찾았을 때 아담은 벗은 몸인 게 '두려워서' 숨었다고 했다. 무엇이 두려웠을까? 눈을 밝아졌지만 자기들이 벗은 몸인 것 외에는 아는 게 없는 새로운 세계에서 살게 됐다는 데서 오는 불안과 두려움이 아니었을까 싶다.

4

하나님은 선악과를 먹으면 죽는다고 했고 뱀은 하나님처럼 될 거라고 했다. 하나님처럼 된다는 것은 제약 없이 완전한 자유를 누린다는 뜻이다. 하나님이 누군가. 누구에게도 구속되지 않은 완전히 자유로운 존재, 자신 이외의 다른 기준이 필요 없고 자신이 모든 것의 기준이 되는 존재가 아니던가.

선악과 이야기를 읽을 때마다 〈매트릭스〉 영화가 생각난다. 모피어스는 한 손에는 빨간 약을, 다른 손에는 파란 약을 내놓으며 네오에게 둘 중 하나를 선택하라고 했다. 매트릭스라는 기계가 만든 가짜세계 안에서 생각 없이 기계처럼 살 것인지, 아니면 실재하는 세상이 어떤지 확인하고 기계와 싸울지를 선택하라는 거다. 아담과 하와 앞에 놓인 선택지도 이와 비슷했다. 이미 알고 있는 세계에서 제한된 인식만을 갖고 살 것인가, 아니면 미지의 세계에서 스스로 판단하여 선택하고 그 결과에 영향을 받으며 책임도 지며 살 것인가 사이에서의 선택이었다.

에덴동산에서의 삶이 어떨지는 충분히 예견됐다. 주어진 먹을거리를 먹으며 다른 동물들과 함께 살면서 동산을 돌보고 관리하는 것이 그것이다. 반면 선악과를 먹고 난 후에 어떤 삶을 살게 될지는 알지 못했다. 하나님은 그걸 먹으면 죽을 거라고 했다. 이들이 죽음이 뭔지 알았을까? 죽음을 경험해보지 않았고 누가 죽는 걸 보지도 않았으니 그건 미지의 세계에 속한 일이었다.

반면 뱀은 선악과를 먹으면 눈이 밝아져서 하나님처럼 되어 선악을 알게 될 거라고 했다. 이 역시 경험해본 적이 없는 세계다. 눈이 밝아본 적도 없고 하나님처럼 되어본 적도 없으며 선과 악이 뭔지도 모른다. 그녀 눈에 들어온 것은 먹음직하고 보암직하며 탐스러워 보이는 선악과였다. 하지만 호기심을 자극하기엔 충분하지 않았을까? 선악과를 먹은 후의 세상은 이들에게 미지의 세상이었고 이들은 그리로 나아가는 위험을 감수했다. 유혹에 의해 촉발된 욕망이 미지의 세상에 대한 불안을 덮었다.

인간의 삶은 미지의 세계가 주는 불안과의 싸움이다. 내일 일은커녕 한 치 앞도 내다보지 못하는 게 인간이다. 인간은 왜 노동하는가? 에덴에서 추방당했을 때 하나님이 아담에게 말한 노동이란 가시덤불과 엉겅퀴가 있는 땅을 땀 흘리며 경작해서 푸성귀와 낟알을 얻는 일이었다(3:18-19). 힘들고 고된 일이란 얘기다. 노동은 사람다움의 가치를 실현하는 일이라고도 말한다. 가치를 만들어내는 것은 인간의 노동 밖에 없다. 나머지는 모두 노동이 만들어낸 가치를 이동시키고 분배하는 것뿐이다. 그렇다고 노동이 고되지 않은 게 되지는 않는다.

사람은 왜 노동하는가? 사람은 자신의 통제 바깥에 뭔가가 있는 것을 불안해한다. 자신의 통제를 벗어나 있는 것들에 의해 좌지우지되기를 원치 않는다. 할 수 있는 대로 더 많은 것을 자기 통제 하에 두고 싶어 한다. 그래서 하는 의식적인 행위가 노동이다.

이런 생각은 마르쿠스 가브리엘(전대호 역)《생각이란 무엇인가 – 인간의 생각감각에 대하여》(열린책들, 2021)에서 많이 배웠다. 같은 저자의 《왜 세계는 존재하지 않는가》와 《나는 뇌가 아니다》도 생각할 거리를 많이 제공한다.

5

아담과 하와가 선악과를 따먹은 후 하나님에게 받은 처분을 '처벌' 또는 '징벌'이라고 부른다. 그 행위를 하나님의 명령을 거역한 불복종의 '죄'로 여기니 그렇게 부른 것은 당연하

눈 떠 보니 하나님이더라

다. 하지만 그 처분에는 '징벌'의 요소와 함께 '축복'의 요소도 있었다. 아담에게 내려진 노동에 대해서는 앞에서 얘기했다. 노동이 고되기는 하지만 그것은 인간이 자신의 가치를 실현하는 일이고 가치 있는 것을 창조해내는 일이다. 자기 통제 밖에 있는 것들을 통제 안으로 끌어들여 불안요소를 없애는 일이기도 하다. 노동을 징벌로만 볼 수 없는 까닭이다.

하와에게 내려진 처분에도 징벌과 축복의 요소가 공존한다. 사람이 겪는 고통 중에 최고의 고통이 아이 낳는 고통이라고 말들 한다. 선악과를 따먹은 결과 여자에게 이 고통이 가중됐지만 이는 새로운 생명을 잉태하는 고통이기도 하다. 이 고통 없이 생명의 탄생은 불가능하다. 현재 과학으로도 고통 없이는 새로운 생명이 태어나지 않는다. 이 역시 징벌만이 아니라 축복인 까닭이다.

'죽음'에 대해 몇 마디하고 이 책을 마무리하겠다. 죽음은 에덴동산 이야기에서 별로 언급되지 않는다. 그럼에도 교회는 이 이야기를 죄와 죽음의 기원에 관한 이야기로 읽어왔다. 자주 언급되지 않았다고 중요하지 않은 것은 아니다. 저자는 죽음 대신 '흙으로 돌아간다.'는 표현을 쓴다. 의도적으로 죽음이란 말을 피하는 것 같다. 죽음을 외면하고 싶었을까?

선악과를 따먹는 그날 반드시 죽을 거라는 하나님의 말은 실현되지 않았다. 아담이 930년을 살았으니 그날 반드시 죽으리라는 하나님의 말은 실언이거나 생물학적 죽음 아닌 다른 것을 의미한다고 볼 수밖에 없다. 하나님이 실언했을 리 없으니 후자를 의미한다고 봐야겠다. 저자에게 죽음은 무엇이었을까?

흔히 저자가 말하는 죽음을 '영적인 죽음' 또는 '하나님과의 단절'로 본다. 둘 다 일리는 있지만 완전히 동의되지는 않는다. 저자와 그의 시대에 '몸'과 구별되는 '영'이 존재한다고 믿었다는 증거가 없으니 그런 의미에서의 영적 죽음은 답으로서 만족스럽지 않다. 후자 역시 난센스인 까닭은 선악과 사건 이후로도 사람과 하나님의 관계는 단절되지 않고 이어졌기 때문이다. 하나님과 단절된 삶이란 저자의 시대에는 상상할 수 없었다. 그들에게 하나님은 하늘로 올라가도 거기 있고 스올에다 자리를 펴도 거기 있으며 저 동녘 너머로 날아가거나 바다 끝 서쪽으로 가서 거기에 머무를지라도 거기에도 있는 분이었다(시편 139:8-9). '스올'은 죽은 사람이 간다고 믿었던 곳이다. 거기에도 하나님이 있다는데 하나님과의 단절을 상상이나 했겠는가. 그들에게 죽음은 무엇이었을까? 저자는 아담이 선악과를 따먹으면 반드시 죽는다는 말을 들었을 때 그가 무슨 상상을 했다고 생각하고 그렇게 썼을까?

전도서는 헛되고 헛되니 모든 것이 헛되다면서 그 이유가 모든 사람이 죽기 때문이라고 했다. 의인이나 악인이나, 착한 사람이나 나쁜 사람이나, 깨끗한 사람이나 더러운 사람이나, 제사를 드리는 사람이나 드리지 않는 사람이나, 지혜로운 사람이나 어리석은 사람이나, 부자나 가난한 사람이나 모두 죽음이라는 같은 운명을 갖고 태어났다.(전도서 9:2-3) 죽음은 모든 것을, 모든 의미를 빨아들이는 블랙홀이다. 죽음은 모든 걸 흡수해서 진공상태로 만들어버린다. 사람은 진공에 대한 근원적인 두려움을 갖고 있다. 사람은 실체가 없이 텅 빈 삶, 의미 없음, 하나님과의 소통의 부재, 믿음과 사랑과 희망의 부재 등에 대한 근원적인 불안과 두려움을 갖고 살아간다.

현대는 죽음을 공적 공간에서 추방해버렸다. 공적 공간을 죽음의 진공상태로 만들어버렸다. 아담과 하와가 없는 에덴동산이 의미 없는 빈공간인 것처럼 죽음이 추방된 삶은 의미가 반으로 줄 수밖에 없다. 죽음과 삶은 동전의 양면이기 때문이다. 죽음이 없으면 삶이 없고 삶이 없으면 죽음 또한 존재하지 않는다. 그런데 현대는 공적으로 죽음을 말하길 꺼려하는 시대다. 마치 죽음이 없다는 듯이 산다. 죽음을 말하지 않으면 죽음이 없어진다는 듯이 살아간다. 죽음은 공적 공간에서 추방되어 사적 공간에서 겨우 명맥을 잇는다. 죽음은 더 이상 공적인 서사가 아니다. 에덴동산 이야기는 죽음의 공적 성격을 회복할 숙제를 남겼다.

창세기 2-3장의 창조 이야기는 '흙'의 이야기이기도 하다.

흙에서 와서 흙으로 돌아가는 존재가 사람이다. 저자는 독자가 이걸 잊을까봐 시시때때로 상기시킨다. 우리 모두 흙에서 와서 흙으로 돌아가는 존재임을 잊지 말라고 말이다. 흙을 빚어 만든 진흙덩어리의 코에 숨을 불어넣어 사람을 만든 창조주 하나님을 잊지 말라는 말이기도 하다. 그래서 지독한 회의주의자요 염세주의자였던 전도자조차 자신의 설교를 이렇게 마무리한다.

젊을 때에 너는 너의 창조주를 기억하여라. 고생스러운 날들이 오고 사는 것이 즐겁지 않다고 할 나이가 되기 전에 해와 빛과 달과 별들이 어두워지기 전에, 먹구름이 곧 비를 몰고 오기 전에 그렇게 하여라. 그때가 되면 너를 보호하는 팔이 떨리고 정정하던 두 다리가 약해지고 이는 빠져서 씹지도 못하고 눈은 침침해져서 보는 것마저 힘겹고 귀는 먹어 바깥에서 나는 소리도 못 듣고 맷돌질 소리도 희미해지고 새들이 지저귀는 노랫소리도 하나도 들리지 않을 것이다. 높은 곳에는 무서워서 올라가지도 못하고 넘어질세라 걷는 것마저도 무서워질 것이다. 검은 머리가 파뿌리가 되고 원기가 떨어져서 보약을 먹어도 효력이 없을 것이다. 사람이 영원히 쉴 곳으로 가는 날 길거리에는 조객들이 오간다. 은사슬이 끊어지고 금그릇이 부서지고 샘에서 물 뜨는 물동이가 깨지고 우물에서

눈 떠 보니 하나님이더라

도르래가 부서지기 전에 네 창조주를 기억하여라. 육체가 원래 왔던 흙으로 돌아가고 숨이 그것을 주신 하나님께로 돌아가기 전에 네 창조주를 기억하여라.(전도서 12:1-7)

6

인간이 서로 소통하며 살 수 있는 무리의 크기는 150명 정도라고 한다. 그 범위를 넘어가면 직접적인 소통은 불가능하다. 하지만 인간은 진화하면서 그 이상의 크기를 가진 집단을 이루었다. 이를 가능하게 해준 것은 '이야기 만들기'(story making)라고 한다. 인간은 이야기를 만들어 정체성을 창조해왔다는 것이다. 고대인들에게는 신화가 대표적으로 만들어진 이야기였다.

에덴동산 이야기도 그렇게 만들어진 이야기들 중 하나다. 이 이야기는 적어도 유대교와 그리스도교라는 두 커다란 집단의 정체성을 형성하는 데 큰 역할을 해왔고 앞으로도 그럴 것이다. 정체성이란 한 번 만들어졌다고 해서 영원히 지속되지는 않는다. 불변하는 것도 아니다. 상황이 달라지면 정체성의 내용도 달라진다. 그러면 정체성을 형성하는 원천이 됐던 이야기에 대한 해석도 달라질 수밖에 없다.

그동안 그리스도교에서는 에덴동산 이야기가 죄, 타락, 원죄, 죽음 등이 새겨진 정체성을 형성하는 데 큰 역할을 했다.

이런 것들은 더 이상 우리 시대에 필요한 이야기가 아니다. 우리는 지금 자유, 자유의지, 관계, 소통, 책임성 등이 중요시되는 시대에 살고 있다. 필자는 에덴동산 이야기가 이런 정체성을 형성하는 데 도움이 되는 이야기라고 믿는다. 이제 그리스도교는 좁게는 에덴동산 이야기에서, 넓게는 성서 전체에서 이와 같은 정체성을 형성하는 데 역할을 할 이야기를 만들어 낼 때다. 이것이 그리스도교가 인류에 기여하는 길이라고 믿는다.

창세기 1-3장은 타락, 죄, 원죄, 죽음에 대한 이야기만은 아니다. 하나님이 사람을 창조의 동반자로, 피조세계의 관리자로 세웠다고 말한다. 그를 자신의 형상과 모습으로 창조했고 그에게 짐승과 새들에게 이름을 붙일 권한을 넘겨줬다. 명실상부한 창조의 동반자로 인정한 것이다.

하나님은 사람으로 하여금 자신이 누군지를 끊임없이 묻게 했고 계속되는 진화과정을 통해서 세계 속에서, 더 넓게는 우주 안에서 자신의 자리가 어딘지를 반복해서 묻고 찾아가게 했다. 사람은 자신이 미미한 존재임을 알면 알수록 자신의 존재의 의미와 가치를 더 깊이 생각하게 됐다. 시야를 더 넓힐 수 있고 미래를 향할 수 있게 됐다.

사람이 지구라는 생명체에 행해온 무도한 행패 때문에 지구와 그 안에서 사는 모든 생명체가 위기에 놓였다. 위기의식

눈 떠 보니 하나님이더라

이 확산되고는 있지만 그동안의 생활양식을 전면적으로 바꿔서 모든 생명체가 안정된 삶의 사이클을 회복하게 될지는 누구도 알 수 없다.

위기는 언제나 기회이기도 하다. 지금껏 인류의 역사가 그랬다. 지구라는 거대한 생명체의 역사도 그랬다. 사람의 눈으로만 보면 미래는 어둡다. 빛이 보이지 않는다. 하지만 하나님이 창조의 첫째 날에 "빛이 생겨라." 하니 빛이 생기지 않았던가. 이날 창조된 빛이 숨어 있다가 넷째 날에 해와 달과 별들이 창조되면서 비로소 드러났다고 주장한 해석자 얘기를 했다. 사람들이 빛을 누리기에 너무 악하기 때문에 숨어 있었단다. 사람이 참회해야 빛이 온전히 모습을 드러낼 거라고 했다. 알레고리적인 해석을 즐겼던 지나간 시대의 산물로만 치부할 일은 아니다.

지금 인간은 과거에는 상상 못할 일들을 해내고 있다. 전에는 하나님이나 할 수 있다고 여겼던 일들을 지금은 사람이 척척 해낸다. 사람이 하나님 자리에 올라가 있다고 착각할 정도다. 주로 파괴적인 행위에 대해 이런 상상을 하지만 거기 국한시킬 이유는 없다. 인간은 생존과 보존, 조화와 질서, 정의와 평화를 실현하는 데서도 신적인 능력을 얼마든지 발휘할 수 있다. 인간은 그동안 파괴적 능력만 향상시킨 게 아니다. 질서를 회복하고 상처를 치유하며 정의와 평화를 구축하는 능력도 키워왔다. 지금이 그 능력을 발휘할 때다.

인간은 정말 중요한 일들은 스스로의 힘만으로는 해낼 수 없음을 어렴풋이 알고 있다. 그런 일을 이루려면 하나님과 인간이 힘을 모아야 함을 안다. 한 처음에 인간을 창조의 동반자로 부른 하나님이 지금 회복과 살림의 동반자로 우리를 부른다. 아직 살아보지 않아서 알지 못하는 미지의 세계로 나아가자고 손짓한다. 한 처음에 창조의 동반자로 부름 받았을 때 그랬던 것처럼, 선악과라는 선택지 앞에서 익숙한 세계를 뒤로 하고 미지의 세계로 첫 발을 내딛었던 것처럼, 회복과 조화와 살림이라는 미지의 세계로의 부름에 긍정적으로 응답하는 게 초미의 관심사다. 어떤 선택을 할 것인가? 네오에게 모피어스가 내민 두 개의 알약 가운데 우리는 어느 것을 선택할 것인가? 그 선택을 하는데 이 책이 작은 도움이 되기를 바랄 뿐이다.

눈 떠 보니 하나님이더라
—
초판 1쇄 발행 2022년 10월 13일

지은이 곽건용
펴낸이 한종호
디자인 임현주
인쇄·제작 미래P&P

펴낸곳 꽃자리
출판등록 2012년 12월 13일
주소 경기도 의왕시 백운중앙로 45, 207동 503호(학의동, 효성해링턴플레이스)
전자우편 amabi@hanmail.net
블로그 http://fzari.tistory.com

—
ISBN 979-11-86910-44-3 03230
값 13,500원